PENSÉES PARESSEUSES D'UN PARESSEUX

Jerome K. Jerome

présenté par

CLARO

PENSÉES PARESSEUSES D'UN PARESSEUX

GF

Traduction inédite de l'anglais par Cécile Arnaud.

ISBN : 978-2-0813-3907-1

LA ROTATION DES POUCES SELON SAINT JEROME

par
CLARO

DES DIVERS DEGRÉS DE LA PARESSE

La paresse est une technologie assez ancienne, mais les trépidations de la vie moderne ont rendu le recours à son génie largement indispensable. D'autant plus qu'il existe diverses sortes de paresses, et si nous ne parlons pas ici d'un fruit ou d'un légume, reconnaissons toutefois qu'elle se trouve sous autant de variétés qu'on veut bien avoir la patience d'en cultiver. Oui, la paresse est comme ce jardin privé que Voltaire nous a encouragés à entretenir, même s'il faut aussi, parfois, laisser faire la nature. Il y a la paresse contestataire, celle dont Paul Lafargue a fait la séditieuse apologie. Il y a la paresse existentielle, qu'on trouve par exemple dans l'œuvre de Beckett, avec tous ces personnages plus ou moins empotés dans le terreau de l'indécision. Il y a la paresse horizontale, celle d'Oblomov, pris dans un devenir-divan. On pourrait également discerner une forme de paresse atypique dans l'absentéisme du Bartleby de Melville, qui préférait ne pas. Être ou ne pas être : cette seule question épuise déjà nos paresseux. Si vivre c'est décider, alors plutôt mourir – mais non ! Ne décidons rien, c'est trop d'embarras, le mieux est de mimer l'attente en singeant l'expectative (et d'en profiter pour musarder…).

Mais la paresse qu'évoque Jerome K. Jerome dans Idle Thoughts of an Idle Fellow *se distingue de celle, carrément biblique, que les anglophones appellent* sloth, *et qui, elle, est un péché, en outre capital – ce qui la rend cousine de la luxure, et donc fichtrement séduisante. La paresse selon saint Jerome est autre, donc : en anglais, le mot* idleness *renvoie davantage à l'idée d'oisiveté, même si l'oisif dont nous parle l'auteur de* Pensées paresseuses *n'est guère un nanti : plutôt un oisif démuni, mais dont le dénuement, lié à l'absence d'occupations, rend la pensée vagabonde, légère, ouverte aux quatre vents de la réflexion. Le paresseux n'a pas envie de travailler ; l'oisif n'y songe même pas. Il se délecte dans le dilettantisme d'une rassurante vacance. Il se tourne les pouces, ou plutôt ses pouces tournent d'eux-mêmes, et il observe, intrigué, leur activité rotative – il serait même prêt à en déduire quelque vaste théorie mais… eh bien… comment dire ? Son esprit n'a pas autant d'ambition, car l'oisiveté exige de lui à la fois curiosité et nonchalance, aussi laisse-t-il tourner la Terre et ses systèmes pour revenir à ses pouces, qui ne tournent plus, occupés qu'ils sont à frotter ses yeux.*

TOUT SAUF OPHÉLIE

Il est vrai que Jerome K. Jerome était voué à cultiver les vertus de l'oisiveté. Issu d'une famille assez vite ruinée, orphelin précoce, de père puis de mère, détestant l'école et entravé dans ses aspirations littéraires par la nécessité de gagner sa croûte, il ne pouvait qu'aspirer à un certain désœuvrement, propice à la pensée vagabonde. Profondément imbibé de mélancolie, mais non dépourvu de cet humour british indispensable à la survie sous la pluie, il fut comédien un temps – il prétendait d'ailleurs avoir joué tous les rôles de Hamlet *sauf celui d'Ophélie, ce qui est regrettable, car il eût pu goûter alors à un repos délicieusement fluvial, la dérive seyant assez au cours de ses pensées. Puis vint le succès, comme un coup de vent qui fait claquer les volets, écarte les rideaux et fait s'envoler les papiers qui n'attendaient que ça : en 1889, son livre* Trois Hommes dans un bateau *lui assure une rente plus que décente et une gloire qui, revers inévitable, restera à jamais associée à ce livre plutôt que d'aller polliniser ses autres entreprises littéraires. Les voyages et la parole devinrent alors ses principales activités, et il sillonna le monde, donnant des conférences ici et là, en Russie, en Amérique et en Allemagne principalement.*

Le mot idle *vient du vieil anglais* idel *et semble n'avoir, avec sa négligente interpolation de lettres, qu'une idée : y retourner. Cet* idel *désigne quelque chose de vain, de vide, d'inoccupé. Notons d'ailleurs au passage que Jerome K. Jerome fut nommé directeur d'un mensuel intitulé* The Idler *(« L'Oisif »). Mais qui de mieux placé que l'oisif pour commenter la vanité de ce monde ? Qui de plus apte à dénoncer le creux qui se cache sous les apparences du plein, sinon l'homme qui, dans un de ses livres, se posait cette cruciale question : « Sommes-nous aussi intéressants que nous le pensons ? », celui qui aimait à se pencher sur « le mérite exceptionnel attaché aux choses que nous comptions faire ». Procrastiner n'est pas rien faire.*

PHILOSOPHIE ET COUPS DE MARTEAU

Imaginez. Imaginez que vous n'ayez aucun humour, ne sachiez même pas ce qu'est l'humour, et que le livre de Jerome K. Jerome, Pensées paresseuses d'un paresseux, *vous tombe entre les mains, comme un oiseau blessé. Vous pourriez alors le lire comme vous lisez des aphorismes de Nietzsche ou des pensées de Pascal : sans qu'aucun mouvement zygomatique vienne soulager l'angoisse liée à votre lecture. Et de fait, n'était l'humour, il y a chez Jerome K. Jerome une violence cachée qui ne demande qu'à jaillir, à gifler le monde ; on sent chez lui un agacement que seul un vernis compassionnel empêche de se muer en rixe. L'oisif, parce que oisif, veut bien serrer le poing, mais pas s'en servir pour déloger des dents ou noircir des orbites. Oui, à tout moment, on sent que le K qui soude nos deux Jerome est prêt de se détacher pour s'en aller fracasser cet importun : l'autre. L'autre ? Oui, celui qui joue les délicats, les difficiles. Eh bien voici ce que notre auteur aimerait lui faire : « Je ne peux pas entendre l'une de ces créatures discuter la carte d'un restaurant sans être saisi d'une envie folle de la traîner au bar de quelque pub ordinaire de l'East End pour lui faire ingurgiter un menu à six pence. » L'autre ? Femme, enfant, chien, ange, lecteur : tous semblables « au coq nain de Mme Poyser, qui s'imaginait que le soleil se levait tous les matins pour l'écouter chanter » !*

Jerome K. Jerome n'est pas l'ami du genre humain, loin de là. Sous son affabilité et sa légèreté, on sent somnoler, mais d'un œil d'un seul, les fauves discrets de la contemption, car à tout moment il regarde, « rêveur, la foule tourbillonnante qui file devant [lui] sur la grand-route de la vie », une « folle procession » où chacun essaie de dépasser l'autre, n'hésitant pas à le bousculer, afin de s'assurer une place au soleil, ou même à l'ombre, mais une place, aussi ténue et crasseuse soit-elle. Et quand notre auteur semble louer cette cavalcade effrénée qu'est la vie sociale, c'est pour préciser peu après qu'il s'agit du « seul sport authentique de toute la foire – hautement respectable et parfaitement moral – encouragé par la noblesse, le clergé et la bourgeoisie » ! Comment s'étonner alors quand JKJ nous dit qu'il aime caresser les chiens en les abreuvant d'insultes ?

PENSÉE DE LA PARESSE, PARESSE DE LA PENSÉE

Pourquoi l'oisif prend-il la peine de penser ? Par mauvaise conscience ? Certes non. La pensée est ce qui, à défaut d'action, le prémunit contre l'ennui. Et force est d'admettre qu'il y a chez Jerome K. Jerome comme une tentation baudelairienne, un penchant à la mélancolie. Bien sûr, il ne l'appelle pas « mélancolie », mais « cafard », opérant un distinguo entre spleen et coup de blues qui n'est pas sans rappeler la nuance de classe que relevait Barthes entre migraine et maux de tête. Pourtant, le cafard ici évoqué n'est pas sans rappeler « l'angoisse atroce » des Fleurs du Mal *: « Dans la campagne silencieuse, quand la silhouette des arbres et des haies s'estompe à la nuit tombante, que les ailes de la chauve-souris nous caressent le visage et que résonne à travers champs le chant morne du râle des genêts, le sortilège plonge plus profondément encore dans nos cœurs. En cette heure, nous nous tenons comme devant un lit de mort invisible, et dans le balancement des ormes nous percevons le soupir du jour qui meurt. »*

Mais ce serait prêter trop de noirceur à Jerome K. Jerome que de l'égarer dans la forêt des symboles. Il aime distraire son lecteur, même s'il ne peut s'empêcher, chaque fois que son humour prend le pas sur son dépit, de profiter d'un chemin de traverse pour revenir à son socle premier : la fatigue de vivre. Ainsi prend-il soin de se poser en professionnel de la paresse : « La paresse a toujours été mon point fort. Je n'ai aucun mérite : c'est un don. Peu le possèdent. Les fainéants sont légion, tout comme les lambins, mais un authentique paresseux est une espèce rare. »

Revenons à cette histoire de pensée. Le paresseux pense, afin de ne pas s'abîmer dans l'action. Mais très vite la pensée devient tracas. Quelque chose en lui fulmine. Il râle, s'énerve, c'est presque déjà comme s'il agissait. Il faut donc que sa pensée batte la campagne, qu'elle glisse, s'éparpille, car une pensée fixe, turbulente, ferait de lui un impatient, et qui sait alors quels mouvements lui viendraient aux mains, aux pieds, aux yeux ? Penser, soit, mais en passant, sans se presser. L'oisif accueille la pensée comme certaines branches l'oiseau : il veut bien être perchoir mais non point nid. De même qu'il existe une authentique philosophie de comptoir, il existe une pensée de fauteuil. L'oisif aime à discourir des sujets les plus triviaux – il trouvera toujours le moyen, au détour d'une apparente banalité, de faire entendre les saignements de son cœur.

LA SOLITUDE DE L'IRONISTE

Au fil des pages, une voix s'escrime, elle interpelle, pérore, déplore, stigmatise, s'exclame, assène, dicte, toujours bifide, jamais tout à fait moraliste ni cynique, comme s'efforçant d'oublier que le fil sur lequel elle danse est celui d'un rasoir. Bref, le monde est malade, et les médecins sont des charlatans au même titre que les philosophes. Comme Swift ou Twain avant lui, mais sans l'ardente nécessité d'un projet véritablement littéraire, Jerome K. Jerome pourrait faire figure de parent pauvre de l'humour anglais – mais c'est précisément cette faille en lui qui le rend touchant. Car sous son apparent éloge de la paresse, on sent chez lui une peur panique du vide, un effroi né de l'uniformité des lignes, un besoin d'effervescence, fût-elle celle d'une parole bancroche, tirant tous azimuts, courant sans cesse après l'ombre d'une démesure dont il n'a ni les moyens ni la carrure. Alors, tel le diable, notre auteur se réfugie dans les détails, un haut-de-forme, un bibelot, un canevas, autant de digressions qu'il en faut pour échapper à l'ennemi, au Temps : « Ô Temps ! grand Chronos ! [...] Tu changes la physionomie de la Nature, mais tu n'as aucune influence sur le battement de son pouls. » Le lecteur trouvera donc un sourire gravé en filigrane dans chacune de ces pages : mais qu'il ne s'y trompe pas. Le bateleur Jerome boite au plus profond de son âme, car en lui persiste et signe le garçonnet contraint de ramasser des miettes de houille le long des voies ferrées dans le grand froid anglais pour le compte de la London and North Western Railway – l'orphelin à la tête baissée, celui qui décida un jour d'en rire plutôt que d'en pleurer.

PENSÉES PARESSEUSES D'UN PARESSEUX

À
L'amie très chère et bien-aimée
De mes bons et mauvais jours…

À l'amie
Qui, si elle m'a irrité parfois au début de notre histoire,
est devenue depuis ma plus chaleureuse camarade

À l'amie
Qui, quand je lui suis infidèle,
n'a (plus) jamais le mauvais goût de m'en vouloir…

À l'amie
Qui, malgré la froideur que lui témoignent
toutes les femmes de ma maison
et la méfiance de mon chien,
brûle chaque jour pour moi
et m'imprègne du parfum
de son amitié

À l'amie
Qui ne souligne jamais mes défauts,
ne m'emprunte jamais d'argent
et ne parle jamais d'elle-même
À la compagne de mes heures d'oisiveté,
la consolatrice de mes peines,
la confidente de mes joies et de mes espoirs

À ma plus vieille et plus solide
PIPE
Je dédicace ce petit volume
Avec affection et reconnaissance

PRÉFACE

UN OU DEUX AMIS à qui j'ai montré le manuscrit de ces articles ayant jugé qu'ils n'étaient pas mal du tout, et certains membres de ma famille ayant promis d'acheter le livre s'il sortait un jour, je ne me sens pas le droit d'en différer plus longtemps la publication. Sans cette demande du public, si l'on peut dire, je n'aurais peut-être pas osé offrir ces simples « pensées paresseuses » en guise de nourriture intellectuelle aux peuples anglophones de la terre. Les lecteurs attendent aujourd'hui d'un livre qu'il les cultive, les instruise et leur élève l'esprit. Celui-ci n'élèverait pas l'esprit d'une vache. Je ne peux pas, en conscience, prétendre qu'il ait la moindre utilité. Je peux seulement vous suggérer, quand vous serez fatigué de puiser dans la liste des « cent meilleurs livres », de passer une demi-heure avec lui. Ça vous changera.

DE LA PARESSE

VOILÀ BIEN UN SUJET sur lequel je me flatte d'être très *au fait*. Le gentleman qui, quand j'étais jeune, me porta sur les fonts baptismaux du savoir pour neuf guinées par trimestre – tout compris – affirmait n'avoir jamais connu de garçon capable de travailler moins en plus de temps. Je me souviens aussi de la remarque de ma pauvre grand-mère, qu'elle lança incidemment au cours d'une leçon sur l'usage du Livre de Prières : elle jugeait très improbable que je fisse jamais beaucoup de bêtises, mais était convaincue que je négligerais presque tous mes devoirs.

Je crains d'avoir fait mentir la moitié de la prophétie de cette chère vieille dame. Hélas, j'ai fait, en dépit de ma paresse, beaucoup de choses que j'aurais mieux fait d'éviter. Mais j'ai pleinement confirmé la justesse de son jugement pour ce qui touche aux obligations que j'ai négligées. La paresse a toujours été mon point fort. Je n'ai aucun mérite : c'est un don. Peu le possèdent.

Les fainéants sont légion, tout comme les lambins, mais un authentique paresseux est une espèce rare. Il n'est pas homme à traîner, les mains dans les poches. Au contraire, il est toujours extrêmement occupé, c'est là sa caractéristique la plus surprenante.

Il est impossible de jouir pleinement de la paresse si l'on n'est pas débordé de travail. Où est le plaisir de ne rien faire, quand on n'a rien à faire ? Perdre son temps devient alors une simple occupation, et fort épuisante. Pour être douce, la paresse, comme les baisers, doit être volée.

Il y a fort longtemps, lorsque j'étais jeune homme, je suis tombé très malade – je n'ai jamais vraiment su ce que j'avais eu, sinon un rhume carabiné. Mais ce devait être grave, puisque le médecin affirma que j'aurais dû venir le voir un mois plus tôt, et que si j'étais resté avec ça (quoi ?) une semaine de plus, il n'aurait rien pu faire pour moi. C'est extraordinaire : je n'ai jamais connu de médecin qui, appelé au chevet d'un malade, à un jour près, ne se serait révélé impuissant. Notre guide médical, philosophe et ami, est pareil au héros du mélodrame : il arrive toujours à point nommé. C'est la Providence, voilà ce que c'est.

Comme je le disais, j'étais donc très malade, et l'on m'envoya passer un mois à Buxton, avec l'ordre strict de ne rien faire durant tout ce temps. « Vous avez besoin de repos, avait déclaré le médecin. De repos complet. »

Une perspective en apparence délicieuse. « Voilà un homme qui comprend le mal qui m'affecte », me disais-je, et je m'imaginais déjà des moments merveilleux – quatre semaines de *dolce farniente*, agrémentées d'un soupçon de maladie. Une maladie bénigne, bien suffisante pour donner à ce séjour un léger parfum de souffrance qui le rende poétique. Je me lèverais tard, siroterais un chocolat et prendrais mon petit déjeuner en robe de chambre et en pantoufles. Étendu dans un hamac au jardin, je lirais des romans sentimentaux au dénouement mélancolique, jusqu'à ce que les livres tombent de mes mains alanguies, et je resterais allongé là, le regard perdu dans le bleu profond du firmament, à contempler les nuages floconneux flottant tels des navires aux voiles blanches à travers l'immensité, à écouter le chant joyeux des oiseaux et le bruissement léger des arbres. Ou alors, devenu trop faible pour sortir, je resterais assis devant la fenêtre ouverte du rez-de-chaussée, bien calé contre des coussins, l'air si émacié et fascinant que toutes les jolies filles soupireraient en me voyant.

Deux fois par jour, j'embarquerais dans une chaise roulante et descendrais à la Colonnade pour prendre les eaux. Oh, ces eaux ! J'ignorais tout d'elles à ce moment-là, et l'idée de cette cure me plaisait beaucoup. « Prendre les eaux » semblait très en vogue, très Queen Anne, et je m'apprêtais à en raffoler. Mais berk ! Après les deux ou trois premiers matins, je pus affirmer que le « goût de fer à repasser chaud » que leur prête Sam Weller est bien loin de décrire leur saveur répugnante. Pour remettre promptement sur pied un malade, contentez-vous de lui dire qu'il devra en ingurgiter un verre tous les matins jusqu'à la guérison. Je les avalai pures six jours d'affilée, et elles faillirent me tuer ; après quoi je pris l'habitude de boire une fine à l'eau bien tassée par-dessus, ce qui me procurait un grand soulagement. Plusieurs sommités médicales m'ont informé depuis que l'alcool avait dû neutraliser les effets des propriétés ferrugineuses de cette eau. Je me réjouis d'avoir eu la chance de tomber dans le mille.

Mais « prendre les eaux » n'était qu'une des tortures que j'eus à endurer au cours de ce mois mémorable – le pire de ma vie, sans exception. Pendant la plus grande partie de mon séjour, je suivis scrupuleusement les ordres du médecin et ne fis absolument rien, sinon paresser dans la maison et le jardin, et me promener pendant deux heures en chaise roulante, histoire de rompre un peu la monotonie. Ce genre de balades procure plus de sensations fortes qu'il n'y paraît – surtout lorsqu'on n'est pas familier de cet exercice revigorant. L'occupant de la chaise est la proie d'un sentiment permanent de danger imminent, qu'un simple spectateur aurait du mal à concevoir. À chaque seconde, il est convaincu que l'engin va se renverser, et cette certitude devient encore plus aiguë dès qu'apparaît un fossé ou une portion de route nouvellement goudronnée. Chaque fois qu'il croise un véhicule, il s'attend à la collision ; et jamais il ne monte ou ne descend une côte sans aussitôt commencer à calculer ses chances de s'en sortir, au cas où – comme cela semble probable – flancherait le frêle chauffeur à qui il a confié sa destinée.

Mais même cette distraction perdit de son attrait au bout d'un certain temps, et l'*ennui* devint parfaitement insupportable. Je sentais que mon esprit n'allait pas y résister, et comme il n'est pas très vaillant, il ne me paraissait pas sage de trop l'accabler. De sorte que le vingtième matin environ, je me levai tôt, pris un bon petit déjeuner et marchai droit vers Hayfield, une agréable petite ville active, au pied du Kinder Scout, accessible par une ravissante vallée. La bourgade abritait deux adorables femmes ; du moins l'étaient-elles en ce temps-là. Je croisai la première sur un pont, et je crois qu'elle me sourit. La seconde se tenait devant une porte ouverte et investissait à perte quantité de baisers sur un bébé aux joues rouges. Mais ça se passait il y a des années, et je suis tout à fait certain que ce sont maintenant deux corpulentes mégères. Sur le chemin du retour, je vis un vieil homme qui cassait des cailloux, et ce spectacle suscita en moi un tel désir de faire fonctionner mes bras que je lui offris un verre afin qu'il me laissât prendre sa place. Aimable, le vieillard accéda à ma requête. Je m'attaquai à ces cailloux avec l'énergie accumulée pendant trois semaines et j'abattis plus de travail en une demi-heure que lui toute la journée. Mais il n'en fut pas jaloux.

Le premier pas franchi, je m'écartai de plus en plus du droit chemin, faisant une longue promenade tous les matins et allant écouter l'orchestre au kiosque tous les soirs. Les jours n'en continuaient pas moins de se traîner en longueur, et je fus sincèrement heureux quand arriva le dernier et que le train m'emporta loin de la goutteuse et phtisique Buxton pour me ramener à Londres, à sa vie et à son labeur incessants. Je regardai par la fenêtre de la voiture tandis que nous filions à travers Hendon à la nuit tombée. L'éclat rougeoyant planant au-dessus de la puissante cité me fit chaud au cœur, et quand, plus tard, mon fiacre quitta en bringuebalant la gare Saint-Pancras, le brouhaha familier qui monta autour de moi résonna comme la plus douce musique que j'eusse entendue depuis des jours.

Ce mois d'oisiveté ne m'avait décidément procuré aucun plaisir. J'aime paresser quand je ne devrais pas, et non pas quand je n'ai rien à faire. Question de caractère. C'est du moment que mon bureau croule sous les lettres auxquelles il faut répondre avant la prochaine levée que j'aime à tourner le dos au feu en calculant le montant de mes dettes. C'est quand une longue soirée de travail m'attend que j'ai envie de m'attarder à la table du dîner. Et si quelque raison impérieuse m'oblige à me lever particulièrement tôt un matin, c'est ce jour-là, et pas un autre, que j'apprécie de paresser au lit une heure de plus.

Ah ! quel plaisir de se tourner de l'autre côté et de se rendormir « cinq minutes seulement ». Existe-t-il un seul être humain, en dehors du héros des « histoires pour les garçons » de l'école du dimanche, qui se lève de bonne grâce ? Pour certains hommes, il est tout bonnement impossible de sortir du lit à l'heure. S'ils doivent se lever à huit heures, ils restent couchés jusqu'à la demie. Si les circonstances changent et que huit heures trente devient assez tôt pour eux, ils n'émergent pas avant neuf heures passées. Ils sont pareils à cet homme d'État dont on disait qu'il arrivait toujours ponctuellement avec une demi-heure de retard. Ils essaient pourtant tout un tas de stratagèmes. Ils achètent des réveille-matin (appareils sournois qui se déclenchent au mauvais moment et réveillent les mauvaises personnes). Ils demandent à Sarah Jane de frapper à la porte et de les appeler. Et Sarah Jane de frapper et de les appeler. Sur quoi ils grommellent un « 'tendu », avant de se rendormir tranquillement. J'ai connu un homme qui réussissait à se lever puis prenait un bain froid, une méthode néanmoins sans effet puisqu'il replongeait dans son lit tout de suite après pour se réchauffer.

Je crois, quant à moi, que je n'aurais pas de mal à rester hors du lit si seulement je parvenais à en sortir. Ce que je trouve très difficile, c'est de m'arracher la tête de l'oreiller, malgré toutes mes bonnes résolutions nocturnes. Après avoir perdu toute la soirée, je me dis : « Bon, il est trop tard pour travailler ce soir ; je me lèverai tôt demain matin. » Et j'y suis pleinement déterminé… à ce moment-là. Le matin venu, cependant, l'idée m'enthousiasme moins, et je regrette de ne pas être resté debout la veille au soir. Et puis il faut bientôt s'habiller. Et plus on songe à cette tâche assommante, plus on a envie de la différer.

Voilà une chose étrange que le lit, ce semblant de tombe, où nous étirons nos membres fatigués et où nous plongeons doucement dans le silence et le repos. « Ô lit, délicieux lit, ce paradis sur terre pour la tête affaiblie », comme chantait le pauvre Thomas Hood, tu es une bonne vieille nourrice pour nous autres garçons et filles chagrins. Qu'on soit intelligent ou sot, sage ou désobéissant, tu nous prends tous sur tes genoux maternels pour nous consoler de nos peines. L'homme en bonne santé rongé par les soucis, l'homme malade rongé par la douleur, la petite jeune fille qui pleure son amoureux infidèle : tels des enfants nous posons nos têtes douloureuses sur ton sein blanc et tu nous berces jusqu'au sommeil.

Nous souffrons beaucoup quand tu nous tournes le dos et que tu nous refuses ton réconfort. Comme l'aube paraît longue à venir quand nous n'arrivons pas à dormir ! Oh ! ces nuits épouvantables où nous nous agitons, fiévreux, où nous restons allongés, tels des vivants parmi les morts, les yeux grands ouverts sur les interminables heures obscures qui nous séparent du jour. Mais pis encore sont les nuits que nous passons au chevet d'un malade, lorsque la chute d'une braise dans le feu qui faiblit nous fait sursauter, et que le tic-tac de l'horloge semble marquer, chez celui que nous veillons, le rythme de la vie qui s'écoule.

Mais assez de lits et de chambres à coucher ! J'y ai passé trop de temps, même pour un paresseux. Sortons plutôt fumer une cigarette. Une autre façon de perdre son temps, mais sans perdre la face. Le tabac a été une véritable bénédiction pour nous, les oisifs. On peine à imaginer comment les fonctionnaires trouvaient à s'occuper l'esprit avant l'époque de sir Walter Raleigh. J'attribue le tempérament querelleur des jeunes gens du Moyen Âge à l'absence de cette herbe apaisante. Sans travail à faire et sans tabac à fumer, ils passaient leur temps à se disputer et à se battre. Si, par un hasard extraordinaire, il n'y avait pas de guerre en cours, ils s'en prenaient à leur voisin immédiat et lançaient une vendetta familiale mortelle. Et si, malgré cela, il leur restait encore quelques moments de libre, ils débattaient pour savoir laquelle de leurs bien-aimées était la plus belle, chacun argumentant à coups de hache de guerre, de massue, etc. Les questions de goût étaient vite tranchées en ce temps-là. Lorsqu'un jeune du XIIe siècle tombait amoureux il ne faisait pas trois pas en arrière avant de dire à sa promise, les yeux plongés dans les siens, qu'elle était trop belle pour vivre. Il déclarait qu'il allait sortir et régler la question. Si, une fois sorti, il croisait un homme et lui fracassait la tête, ça prouvait que sa fiancée (celle du premier) était belle. Mais si l'autre type lui fracassait la tête, alors sa fiancée (celle de l'autre gars – enfin, l'autre par rapport au premier, parce que l'autre n'est autre que par rapport à lui, vous me suivez, pas le premier qui…). Résumons-nous : si A fracassait la tête de B, alors la fiancée de A était une jolie fille ; mais si B fracassait la tête de A, c'est qu'alors la fiancée de A n'était pas si jolie que ça, contrairement à celle de B. Telle était leur méthode de critique artistique.

De nos jours, nous allumons une pipe et laissons les filles régler ça entre elles.

Elles se débrouillent très bien. Elles sont maintenant habilitées à faire tous nos métiers. Elles sont médecins, avocates et artistes. Elles dirigent des théâtres, montent des escroqueries et publient des journaux. J'attends avec impatience le moment où nous autres hommes n'aurons plus qu'à rester couchés jusqu'à midi, à lire deux romans par jour, à prendre le thé entre nous, sans rien imposer de plus éreintant à notre esprit que des discussions portant sur tels derniers modèles de pantalon et des débats pour savoir en quoi est le manteau de M. Jones et s'il lui va bien. C'est une perspective magnifique – pour les paresseux.

pas le premier cas. [illegible] Reconnaissons [illegible] est [illegible] cassait [illegible] d[illegible] dans la [illegible] dont une jolie fille, mais [illegible] [illegible] qu'alors la [illegible] de [illegible] pas [illegible] contrairement à [illegible] de [illegible] Elle [illegible] méthode de [illegible]

De nos jours, [illegible] vers les filles [illegible]

Elles se débrouillent [illegible] [illegible] habituées à [illegible] leur [illegible] [illegible] dirigeant des [illegible] [illegible] patients, des [illegible] [illegible] le moment [illegible] comme [illegible] qu'à [illegible] pas [illegible] nous [illegible] sans rien [illegible] plus [illegible] à notre esprit que les discussions [illegible] de [illegible] et [illegible] le [illegible] de M. [illegible] une perspective [illegible]

DE L'AMOUR

VOUS AVEZ ÉTÉ AMOUREUX, bien sûr ! Sinon, ça viendra. L'amour, c'est comme la rougeole : on doit tous en passer par là. Et, comme la rougeole, on ne l'attrape qu'une fois. Inutile de craindre la récidive. L'homme qui en a été atteint peut fréquenter les endroits les plus dangereux et prendre tous les risques en toute sécurité. Il peut pique-niquer dans des forêts ombragées, flâner dans des allées luxuriantes et s'attarder sur un tapis de mousse pour contempler le coucher du soleil. Une paisible maison de campagne ne l'effraie pas plus que son propre club. Il peut partir en famille faire une croisière sur le Rhin. Pour voir une dernière fois un ami, il ose s'aventurer dans les mâchoires mêmes de la cérémonie du mariage. Il garde la tête froide dans le tourbillon d'une valse entêtante et se repose ensuite dans un jardin d'hiver obscur sans rien attraper de plus persistant qu'un rhume. Il peut affronter une promenade au clair de lune le long de sentiers odorants, ou un tour en barque au crépuscule au milieu des joncs. Il peut escalader un échalier sans danger, traverser une haie touffue sans s'accrocher, descendre un sentier glissant sans tomber. Il peut plonger dans des yeux lumineux sans être ébloui. Il écoute les voix des sirènes et continue de voguer en gardant son cap. Il serre des mains blanches entre les siennes, mais aucune force électromagnétique ne le retient prisonnier de leur étreinte délicate.

Non, nous ne tombons jamais amoureux deux fois. Cupidon n'envoie pas de deuxième flèche dans le même cœur. Les servantes de l'Amour sont nos amies de toujours. Respect, admiration, affection : notre porte leur est toujours ouverte. Mais leur grand maître céleste, dans sa tournée royale, ne nous rend qu'une seule visite avant de continuer sa route. Nous apprécions, nous chérissons, nous sommes très, très attachés – mais jamais plus nous n'aimons. Le cœur d'un homme est un feu d'artifice qui ne monte qu'une fois au firmament. Tel un météore, il rougeoie un instant et illumine de sa splendeur le monde entier à ses pieds. Puis la nuit de notre sordide vie ordinaire se referme sur lui, et l'enveloppe calcinée, retombant sur terre, reste là, inutile et négligée jusqu'à ce qu'il n'en reste plus que cendres. Une fois, nous libérant de nos liens, nous osons, tel le puissant Prométhée, escalader le mont Olympe pour voler le feu des dieux sur le char de Phébus. Heureux ceux qui, se hâtant de redescendre avant qu'il ne s'éteigne, peuvent allumer leurs autels terrestres à sa flamme. L'amour est une lumière trop pure pour scintiller longtemps au milieu des gaz nocifs que nous respirons, mais avant qu'elle n'étouffe, il ne tient qu'à nous de l'utiliser pour embraser le doux feu de l'affection.

Après tout, cet éclat chaleureux convient mieux que l'esprit ardent de l'amour au petit salon froid qu'est notre univers. L'amour devrait être le feu sacré de quelque puissant temple – quelque vaste et sombre sanctuaire dont la musique d'orgue est le mouvement des sphères. L'affection continuera de brûler avec entrain quand la flamme blanche de l'amour se sera éteinte. C'est un feu que l'on peut alimenter jour après jour et faire grandir à l'approche des années d'hiver. Autour de lui, les vieux messieurs et les vieilles dames s'assoient en se tenant la main, les petits enfants se pelotonnent, l'ami et le voisin sont toujours les bienvenus, et même Fido et Titty, le chien hirsute et le chat au poil luisant, réchauffent leur nez devant ses grilles.

Ce feu se nourrit de votre bonté. Ajoutez-y vos paroles aimables, la douce pression de votre main, vos attentions généreuses. Soufflez dessus la bonne humeur, la patience et la tolérance. Que vous importera alors le vent ou la pluie ? Votre foyer sera chaud et lumineux, et les visages rassemblés autour de l'âtre resplendiront malgré les nuages au-dehors.

Je crains, mes chers Edwin et Angelica, que vous n'attendiez trop de l'amour. Vous pensez que vos petits cœurs suffiront à nourrir toute votre vie cette passion farouche et dévorante. Eh, jeunes gens ! ne vous fiez pas trop à cette flamme vacillante. Les mois passant, elle faiblira, sans que vous puissiez y ajouter du combustible. Fâchés et déçus, vous la regarderez mourir. Chacun de vous aura l'impression que l'autre devient plus froid. Edwin s'apercevra, amer, qu'Angelica ne court plus, tout sourire et rougissante, à la porte pour l'accueillir ; et quand il aura la grippe, elle ne passera plus les bras autour de son cou en affirmant dans un sanglot qu'elle ne peut pas vivre sans lui. Tout au plus lui conseillera-t-elle de prendre une pastille pour la toux, et ce, d'une voix suggérant que c'est le bruit, plus que toute autre chose, dont elle aimerait se débarrasser.

La pauvre petite Angelica verse elle aussi des larmes silencieuses, car Edwin ne porte plus, dans la poche intérieure de son gilet, le vieux mouchoir qu'elle lui avait donné.

Chacun d'eux s'étonne du détachement de l'autre, sans voir que lui-même a changé. Sinon, tous deux ne souffriraient pas autant. Ils chercheraient la cause là où elle se trouve – dans la petitesse de la pauvre nature humaine –, joindraient leurs forces pour combattre leur défaillance commune et rebâtiraient leur maison sur des fondations plus solides et durables. Mais nous sommes si aveugles à nos propres défauts et si prompts à voir ceux d'autrui ! Ce qui nous arrive est toujours la faute de l'autre. Angelica aurait continué d'aimer Edwin pour toujours s'il n'était pas devenu si différent et si étrange. Edwin aurait adoré Angelica pour l'éternité si elle était restée telle qu'au premier jour.

Qu'il est triste ce moment où la lumière de l'amour s'est éteinte, tandis que le feu de l'affection n'est pas encore allumé. Il vous faut alors tâtonner dans l'aube froide et rigoureuse de la vie pour l'embraser. Plaise à Dieu qu'il prenne avant que le jour ne soit déjà trop avancé. Nombreux sont ceux qui restent assis en frissonnant près des braises refroidies jusqu'à l'arrivée de la nuit.

Mais enfin, à quoi bon ces prêches ? Qui, sentant le courant de l'amour tout neuf déferler dans ses veines, peut imaginer qu'un jour il sera faible et lent ? Le garçon de vingt ans ne peut pas concevoir qu'il n'aimera plus aussi fort à soixante. Et même si aucun homme mûr ou âgé de son entourage ne présente les symptômes de l'attachement éperdu, cela n'entame pas sa confiance en lui. Son amour à lui ne déclinera jamais, contrairement à celui des autres. Personne n'a jamais aimé comme il aime ; l'expérience du reste du monde ne peut donc l'éclairer en rien. Hélas, hélas, avant trente ans, il aura rejoint les rangs des ricaneurs. Ce n'est pas sa faute. Nos passions, bonnes ou mauvaises, cessent quand nous cessons de rougir. La haine, le chagrin, la joie ou le désespoir n'ont pas la même intensité passé trente ans qu'avant la vingtaine. La déception n'invite plus au suicide, et nous buvons le succès à longs traits sans qu'il nous monte à la tête.

En vieillissant, nous vivons tout sur un mode mineur. Les morceaux de bravoure sont plus rares dans les derniers actes de l'opéra de la vie. L'ambition se fixe un objectif moins ambitieux. L'honneur devient plus raisonnable et s'adapte commodément aux circonstances. Et l'amour ? L'amour meurt. « L'irrespect pour les rêves de la jeunesse » s'insinue bientôt dans nos cœurs comme une gelée mortelle. Les jeunes pousses et les fleurs naissantes brûlent et se fanent, et de la vigne qui voulait étendre ses vrilles tout autour du monde il ne reste plus qu'une souche desséchée.

Pure hérésie que tout cela, penseront, je le sais, mes belles amies. Loin d'elles l'idée qu'un homme ne puisse plus aimer après l'adolescence. Au contraire, c'est seulement quand ses cheveux grisonnent que ses déclarations leur paraissent dignes d'attention. Leur vision de notre sexe, les jeunes femmes la puisent dans les romans écrits par le leur, et, comparés aux monstres qui passent pour des hommes dans les pages de cette littérature de cauchemar, l'oiseau déplumé de Pythagore et le démon de Frankenstein se situent dans la bonne moyenne de l'espèce.

Dans ces pseudo-livres, l'amant en chef, ou dieu grec, ainsi qu'il est vanté – entre parenthèses, on ne précise pas à quel « dieu grec » ce gentleman ressemble tant : ce pourrait aussi bien être à Vulcain le Bossu qu'à Janus au double visage, voire à Silène le Radoteur, dieu des mystères abstrus. Comme eux tous, cependant, c'est un grossier personnage, ce qui justifie peut-être la comparaison. En revanche, il ne peut même pas prétendre au peu de virilité que possèdent ces archétypes classiques, puisque c'est une andouille efféminée et mollassonne, qui a déjà franchi le cap de la quarantaine. Mais, oh ! les émotions de ce vieillard paraissent si intenses et si profondes aux écolières ingénues ! Honte à vous, jeunes Roméo et Léandre ! Ce vieux beau *blasé* aime avec une ardeur hystérique qu'on ne saurait correctement décrire sans coller quatre adjectifs à chaque nom.

Mais tant mieux pour nous, vieux pécheurs, que vous n'étudiiez que des livres. Si vous lisiez l'humanité, mesdames, vous sauriez que le bégaiement timide du jeune homme raconte une histoire plus sincère que notre belle éloquence. L'amour d'un garçon vient d'un cœur débordant ; celui d'un homme résulte le plus souvent d'un estomac bien rempli, et son cours paresseux ne mérite pas le nom d'amour, comparé à la fontaine impétueuse qui jaillit du cœur d'un garçon touché par la baguette céleste. Si vous voulez goûter à l'amour, buvez au torrent pur que la jeunesse déverse à vos pieds. N'attendez pas qu'il soit devenu une rivière boueuse, avant de vous pencher pour capturer son flot.

À moins que vous n'aimiez son goût amer ; que votre palais ne trouve insipide l'eau claire et limpide, et que la pollution accumulée dans son cours inférieur ne lui donne une saveur plaisante à vos lèvres. Devons-nous croire ceux qui prétendent qu'une main souillée par la fange d'une vie de débauche est la seule par laquelle une jeune fille ait envie d'être caressée ?

C'est l'enseignement qui ressort jour après jour de ces livres à la couverture jaune. Leur arrive-t-il, à ces gouvernantes du diable, de s'arrêter de brailler deux minutes pour réfléchir au mal qu'elles font quand, déambulant dans le jardin de Dieu, elles soufflent à la puérile Ève et à ce sot d'Adam que le péché est suave, tandis que la décence est ridicule et vulgaire ? Combien d'innocentes jeunes filles ont-elles été transformées en femmes dépravées ? À combien de faibles jeunes gens ont-elles fait croire que le chemin de traverse boueux était le meilleur raccourci vers le cœur d'une demoiselle ? Et ce n'est pas comme si ces auteurs décrivaient la vie telle qu'elle est. Il suffit de parler vrai pour que le bien s'impose. Mais les tableaux qu'elles peignent sont des barbouillages grossiers qui ne reflètent que les penchants écœurants de leur imagination malade.

Nous voulons voir les femmes non pas sous les traits d'une Lorelei qui nous conduirait à notre perte – ainsi que leur propre sexe nous les montre –, mais comme des anges nous tirant vers le haut. Elles ont plus de pouvoir qu'elles ne le croient, pour le meilleur ou pour le pire. C'est précisément à l'âge où son caractère se forme qu'un homme tombe amoureux, et sa bien-aimée fera sa fortune ou sa ruine. Inconsciemment, il se plie à ce qu'elle veut qu'il soit, bon ou mauvais. Pardonnez-moi ce manque de galanterie, mais à mon avis elles n'usent pas toujours au mieux de leur influence. L'univers féminin est trop souvent confiné dans les limites de la banalité. Leur héros idéal est le prince de la médiocrité, et pour lui ressembler beaucoup d'esprits supérieurs, envoûtés par l'amour, sont « perdus à la vie, à l'action, à la renommée, à la gloire ».

Et pourtant, vous pourriez nous rendre tellement meilleurs, mesdames, si seulement vous le vouliez ! Il ne tient qu'à vous, plus qu'à tous les prêcheurs, d'élever ce monde un peu plus près des cieux. L'esprit chevaleresque n'est pas mort : il s'est seulement endormi faute de travail. C'est à vous de le réveiller en lui assignant de nobles missions. Montrez-vous dignes d'une adoration chevaleresque.

Vous devez être supérieures à nous. C'était pour Una que le chevalier de la Croix-Rouge partit en guerre. Le dragon n'eût pu être terrassé pour une courtisane maquillée et minaudière. Oh, belles dames, soyez belles d'âme et d'esprit autant que de visage, afin que de preux chevaliers aient le loisir de se couvrir de gloire à votre service ! Oh, madame, quittez votre déguisement d'égoïsme, d'effronterie et d'affectation ! Présentez-vous une fois encore comme une reine dans sa simple robe de pureté. Mille épées, qui rouillent aujourd'hui dans une infâme immobilité, jailliront de leur fourreau pour défendre votre honneur. Un millier de sir Roland mettront la lance en arrêt, et la Peur, l'Avarice, le Plaisir et l'Ambition rouleront dans la poussière devant vos couleurs.

À quelles nobles actions n'étions-nous pas prêts du temps où nous aimions ? Quelle noble vie n'aurions-nous pas vécue pour elle ? Notre amour était une religion pour laquelle nous aurions accepté de mourir. Celle que nous adorions n'était plus une simple créature humaine comme nous. C'était une reine à laquelle nous rendions hommage, une déesse que nous vénérions.

Et avec quelle folle ardeur nous la vénérions ! Et comme il était doux de la vénérer ! Ah, mon garçon, chéris le jeune rêve de l'amour tant qu'il dure ! Tu apprendras trop vite à quel point Tom Moore avait raison lorsqu'il chantait qu'il n'y a rien de plus doux dans la vie. Même quand il nous fait souffrir, c'est une souffrance flamboyante et romantique, qui n'a rien à voir avec le chagrin sourd et banal que l'on connaît par la suite. Quand tu auras perdu ta bien-aimée – quand la lumière aura déserté ta vie et que le monde s'étirera devant toi comme une longue et sombre horreur, un reste d'enchantement se mêlera encore à ton désespoir.

Et qui ne prendrait pas le risque de subir sa terreur pour connaître ses extases ? Et quelles extases ! Leur simple souvenir vous donne le frisson. C'était si merveilleux de lui dire que vous l'aimiez, ne viviez que pour elle et seriez mort pour elle ! Vous avez sacrément divagué, ça c'est sûr ! Quels torrents d'invraisemblables bêtises vous avez déversés, et avec quelle cruauté elle prétendait ne pas vous croire ! Vous lui vouiez une telle admiration ! Et vous étiez si malheureux quand il vous arrivait de l'offenser ! Et pourtant, quel plaisir de se faire maltraiter par elle et d'implorer son pardon alors même que vous n'aviez pas la moindre idée de votre faute ! Le monde était si sombre quand elle vous repoussait, comme elle le faisait souvent, la petite coquine, uniquement pour vous voir déconfit ; et la lumière revenait dès qu'elle souriait ! Vous étiez tellement jaloux de tous ceux qui l'entouraient ! Vous détestiez tous les hommes qui lui serraient la main, toutes les femmes qu'elle embrassait – la bonne qui la coiffait, le garçon qui lui cirait les chaussures, le chien qu'elle câlinait – et pourtant vous deviez vous montrer respectueux envers chacun d'eux, jusqu'au dernier ! Vous aviez tellement hâte de la voir et perdiez tous vos moyens dès que vos yeux se posaient sur elle ! Chaque fois que vous sortiez, quelle que fût l'heure du jour ou de la nuit, vous finissiez toujours par vous retrouver sous ses fenêtres ! Vous n'aviez pas le courage d'entrer, mais vous traîniez dans le coin et l'observiez du dehors. Oh, si seulement la maison avait pu prendre feu – elle était assurée, pas de problème de ce côté-là –, vous auriez pu vous précipiter à l'intérieur, la sauver au péril de votre vie et ne recevoir pour récompenses que d'atroces brûlures et blessures ! N'importe quoi pour la servir. Même de petits riens, si agréables. Cette façon que vous aviez de la regarder, tel un épagneul, pour anticiper ses moindres désirs ! Comme vous étiez fier de lui obéir ! Qu'il était doux de recevoir ses ordres ! Il vous paraissait si simple de lui consacrer votre vie entière en négligeant tout à fait de penser à vous-même. Vous alliez, chaque jour sans exception, déposer une humble offrande à son temple et vous vous sentiez plus que récompensé si elle consentait seulement à l'accepter. Tout ce qu'elle avait béni de son toucher vous devenait précieux – son petit gant, le ruban qu'elle avait porté, la rose qu'elle avait nichée dans ses cheveux et dont les feuilles flétries marquent encore le recueil de poèmes qu'aujourd'hui vous n'ouvrez même plus.

Et elle était si belle, si merveilleusement belle ! Comme un ange qui pénètre dans une pièce, à côté de quoi tout devient ordinaire et trivial. Elle était trop sacrée pour être touchée. Le seul fait de la regarder paraissait presque présomptueux. Vous n'auriez pas plus songé à l'embrasser qu'à chanter des chansons comiques dans une cathédrale. C'était déjà une profanation que de s'agenouiller et de porter timidement sa petite main gracieuse à vos lèvres.

Ah, quelle folle époque que celle d'autrefois, où nous étions désintéressés et où nous avions l'esprit pur ; où nos cœurs simples étaient remplis de sincérité, de fidélité et de révérence ! Ah, quelle folle époque de nobles désirs et de nobles aspirations ! Ah, et quelle époque raisonnable que celle de maintenant, où nous savons que l'argent est la seule récompense digne d'efforts, où nous ne croyons à rien d'autre qu'à la méchanceté et aux mensonges, où nous ne tenons à personne d'autre qu'à nous-mêmes !

DU CAFARD

IL M'ARRIVE de prendre plaisir à la mélancolie. Une profonde détresse procure également beaucoup de satisfaction ; mais personne n'aime les coups de cafard. Pourtant, ça arrive à tout le monde, même si personne ne sait pourquoi. Ça ne s'explique pas. Le cafard peut vous tomber dessus aussi bien après un gros héritage qu'après l'oubli de votre nouveau parapluie de soie dans le train. Il vous fait sensiblement le même effet que produirait une rage de dents, doublée d'une indigestion et d'un rhume de cerveau. Vous devenez stupide, nerveux et irritable ; vous vous montrez grossier avec les inconnus et désagréable avec vos amis ; maladroit, pleurnichard et querelleur ; insupportable à vous-même et à tous ceux qui vous entourent.

Tant que ça dure, vous ne pouvez rien faire et ne pouvez penser à rien, quoique vous vous sentiez obligé de réagir. Incapable de tenir en place, vous mettez votre chapeau et allez vous promener, mais avant d'avoir atteint le coin de la rue, vous regrettez d'être sorti et faites demi-tour. Vous ouvrez un livre pour essayer de lire, mais vous trouvez Shakespeare banal et plein de lieux communs, Dickens assommant et verbeux, Thackeray rasoir et Carlyle trop sentimental. Vous jetez le livre en gratifiant l'auteur de tous les noms d'oiseau. Puis vous chassez la chatte et claquez la porte derrière elle. Vous songez à faire votre courrier, mais après être resté bloqué pendant un quart d'heure sur « Très chère tata, Comme j'ai cinq minutes de libre, je m'empresse de vous écrire », sans parvenir à rédiger la suite, vous flanquez la feuille dans le tiroir du bureau, lancez votre plume sur la nappe et décidez d'aller voir les Thompson. Mais au moment d'enfiler vos gants vous vous avisez que les Thompson sont des imbéciles ; ils ne dînent jamais et compteront sur vous pour faire sauter le bébé sur vos genoux. Maudissant les Thompson, vous renoncez à leur rendre visite.

À ce stade, vous vous sentez complètement découragé. La tête dans les mains, vous voudriez mourir et aller au paradis. Vous vous imaginez sur votre lit de mort, entouré de tous vos amis et parents en larmes. Vous les bénissez tous, surtout celles qui sont jeunes et jolies. Ils vous regretteront quand vous ne serez plus là, voilà ce que vous vous dites, et se rendront compte trop tard de ce qu'ils ont perdu. Et vous comparez, amer, l'affection qu'ils afficheront alors à leur indifférence manifeste d'aujourd'hui.

Ces réflexions vous égaient un peu, mais pas très longtemps ; car l'instant d'après vous vous traitez d'idiot pour avoir cru une seconde que quiconque s'affligerait de votre sort. Qui se soucie comme d'une guigne (on ne sait même pas ce que c'est) que vous soyez fusillé, pendu, marié ou noyé ? Personne ne tient à vous. Vous n'avez jamais été apprécié à votre juste valeur ni récompensé selon vos mérites. Passant en revue toute votre vie, vous vous rendez compte que vous avez été maltraité depuis le berceau.

Après vous être complu pendant une demi-heure dans ces ruminations, vous écumez de rage contre tout et tout le monde, en particulier contre vous-même, et seules des raisons anatomiques vous empêchent de vous frapper. Dieu merci, l'heure du coucher vient vous sauver d'un acte inconsidéré. Vous montez alors les marches quatre à quatre, arrachez vos vêtements que vous éparpillez partout, soufflez la bougie et grimpez dans votre lit comme si vous aviez parié gros de tout faire en un temps record. Suivent deux heures d'agitation durant lesquelles, pour rompre la monotonie, vous repoussez par moments draps et couvertures, avant de les remonter l'instant d'après. Enfin, vous sombrez dans un sommeil troublé par des cauchemars et vous vous réveillez tard le lendemain matin.

Du moins est-ce là ce à quoi nous autres, pauvres célibataires, en sommes réduits dans ces circonstances. Les hommes mariés brutalisent leurs femmes, se plaignent du dîner et envoient leurs enfants au lit. Autant de réactions qui, en créant beaucoup de désordre dans la maisonnée, sont sûrement d'un grand réconfort à l'homme en proie au cafard, les querelles étant la seule forme d'amusement susceptible d'éveiller son intérêt.

Les symptômes sont assez similaires dans tous les cas, mais le mal lui-même est différemment exprimé. Le poète écrit qu'« un sentiment de tristesse s'empare de lui ». Arry décrit les sursauts de son cœur capricieux en confiant à Jimee qu'« il a le bourdon ». Votre sœur ne comprend pas ce qu'elle a ce soir. Elle ne se sent pas dans son assiette et espère qu'il n'arrivera rien de grave. Le jeune homme ordinaire est « affreusement content de te voir, mon vieux », car il se sent « rudement malheureux ce soir ». Quant à moi, je déclare en général que « j'éprouve une sensation bizarre et déconcertante ce soir » et que je vais « aller faire un tour ».

Je précise au passage que ça ne survient que le soir. À la lumière du jour, quand le monde bouillonnant de vie poursuit sa course en avant, il est impossible de rester là à soupirer et à broyer du noir. Le vacarme de la journée de travail étouffe les voix des lutins qui nous fredonnent toujours leur *miserere* à l'oreille. Durant la journée, nous sommes en colère, déçus ou indignés, mais nous n'avons jamais « le cafard » et ne sommes jamais mélancoliques. Quand ça ne va pas à dix heures du matin, nous – ou plutôt vous – jurons et maltraitons les meubles ; mais si le malheur frappe à dix heures du soir, nous lisons de la poésie ou bien nous restons assis dans le noir à méditer sur la vacuité du monde.

De manière générale, ce ne sont pourtant pas les tracas qui nous rendent mélancoliques. La réalité est chose trop sombre pour susciter l'émotion. Nous nous attardons devant un tableau pour pleurer, mais du modèle original, nous détournerions vite les yeux. Il n'y a pas de *pathos* dans le malheur véritable : la vraie douleur n'a rien d'un luxe. On ne joue pas avec des sabres tranchants et on ne serre pas contre son cœur un renard affamé si on peut l'éviter. Quand un homme ou une femme se plaît à ressasser un chagrin et prend soin de le garder bien vivace dans sa mémoire, on peut être sûr que ce chagrin ne le tourmente plus. Même s'ils en ont beaucoup souffert au début, le souvenir s'est désormais mué en plaisir. Toutes ces chères vieilles dames, qui chaque jour contemplent de minuscules chaussures rangées dans des tiroirs parfumés à la lavande et pleurent en songeant aux petits pieds qui ont depuis longtemps fait leurs premiers pas, et toutes ces jeunes femmes au doux visage, qui le soir placent sous leur oreiller une mèche de cheveux qui bouclait autrefois sur une tête juvénile à laquelle les vagues salées ont donné un baiser mortel, me traiteront de brute cynique et affirmeront que je dis des sottises ; mais dussent-elles se demander sincèrement s'il leur est désagréable de s'appesantir ainsi sur leur souffrance, elles seraient obligées, je crois, de répondre « non ». Pour certains, les larmes sont aussi douces que le rire. Le proverbial Anglais, comme nous l'apprend le chroniqueur Froissart, a le plaisir triste, et l'Anglaise va encore un peu plus loin en trouvant son plaisir dans la tristesse même.

Je ne suis pas sarcastique. Jamais je ne me moquerais de ce qui peut apaiser les cœurs en ce vieux monde si dur. Nous, les hommes, sommes bien trop froids et terre à terre pour vouloir que les femmes nous ressemblent. Non, non, très chères, restez toujours telles que vous êtes, sentimentales et tendres – soyez le miel qui adoucit notre pain sec. De plus, les sentiments sont aux femmes ce que la plaisanterie est pour nous. Ces dames n'ont que faire de notre humour, il serait injuste de leur refuser leur chagrin. Et qui peut prétendre que la source de leur plaisir est moins légitime que la nôtre ? En quoi un corps plié en deux, un visage rouge et grimaçant, à la bouche grande ouverte sur des éclats de rire à vous percer les tympans, seraient-ils la marque d'un bonheur plus intelligent qu'un visage pensif reposant sur une petite main blanche et que de doux yeux voilés de larmes contemplant un passé évanescent à travers la sombre avenue du Temps ?

Je suis heureux de voir le Regret cheminer près de nous comme un ami – heureux, parce que je sais que les larmes ont été lavées de leur sel, et que nous pouvons baiser les lèvres pâles de la Douleur sans plus craindre leur morsure. Le temps a fait son œuvre guérisseuse lorsque nous sommes capables de contempler le chagrin qui autrefois nous faisait défaillir, sans être saisi par l'amertume ou le désespoir. Le fardeau n'est plus aussi lourd quand nos ennuis passés ne nous inspirent plus qu'un doux mélange de plaisir et de pitié, le même que nous ressentons au moment où le vieux colonel Newcome répond « adsum » à l'appel, ou quand Tom et Maggie Tulliver, joignant les mains à travers les brumes qui les ont séparés, disparaissent, enlacés, dans les eaux en crue de la Floss.

En parlant de ces pauvres Tom et Maggie Tulliver, je me souviens des mots de George Eliot au sujet de la mélancolie. Elle évoque quelque part « la tristesse d'un soir d'été ». Quelle justesse admirable – comme tout ce qui vient de cette plume merveilleuse. Qui n'a pas ressenti le douloureux enchantement de ces longs crépuscules ? Le monde appartient alors à la Mélancolie, cette pensive jeune fille aux yeux profonds qui fuit l'éclat du jour. C'est seulement quand « la lumière épaissit et que le corbeau gagne à tire d'aile le bois ténébreux » qu'elle sort de son bosquet à pas feutrés. Le crépuscule est son palais. C'est là qu'elle nous retrouve. Devant la porte obscure, elle nous prend par la main et marche à nos côtés dans son royaume mystique. Nous ne distinguons aucune forme, mais croyons entendre le bruissement de ses ailes.

Même dans la monotonie de cette cité industrieuse, son esprit vient à nous. Chaque rue longue et morne abrite une présence ténébreuse, et le fleuve glisse tel un fantôme sous les arches noires, comme s'il dissimulait quelque secret sous ses vagues limoneuses.

Dans la campagne silencieuse, quand la silhouette des arbres et des haies s'estompe à la nuit tombante, que les ailes de la chauve-souris nous caressent le visage et que résonne à travers champs le chant morne du râle des genêts, le sortilège plonge plus profondément encore dans nos cœurs. En cette heure, nous nous tenons comme devant un lit de mort invisible, et dans le balancement des ormes nous percevons le soupir du jour qui meurt.

Il règne une tristesse solennelle. Une grande paix nous entoure. À sa lumière, nos soucis quotidiens nous paraissent insignifiants et triviaux ; le pain et le fromage – et même les baisers – ne nous semblent plus les seules choses dignes de nos efforts. Des pensées que nous ne savons pas exprimer mais seulement écouter nous submergent et, sous le dôme sombre et silencieux, nous nous sentons plus grands que nos vies minuscules. Entouré de ces rideaux crépusculaires, le monde n'est plus un minable atelier, mais un temple majestueux dans lequel l'homme peut prier, et où parfois dans la pénombre ses mains tâtonnantes effleurent celles de Dieu.

DE
LA DÈCHE

C'EST TOUT À FAIT extraordinaire. Je viens de m'asseoir avec la ferme intention d'écrire quelque chose d'intelligent et d'original, mais il ne me vient absolument rien d'intelligent ni d'original – du moins à cet instant. Je ne peux penser qu'à la dèche dans laquelle je me trouve. Sûrement parce que j'ai les mains dans les poches. Je m'assois toujours les mains dans les poches, sauf en présence de mes sœurs, de mes cousines ou de mes tantes, car alors elles font un tel foin (ou devrais-je dire qu'elles me font de telles remontrances) que je suis contraint de céder et de les sortir – je parle de mes mains. Le chœur proteste que ce n'est pas distingué. Du diable si je vois pourquoi ! Passe encore qu'on ne juge pas distingué de mettre les mains dans les poches d'un autre (cet autre en tout cas serait peut-être enclin à le penser), mais pouvez-vous bien me dire, vous les arbitres du bon goût, en quoi le fait de mettre les mains dans ses propres poches manquerait de distinction ? À la réflexion, vous avez peut-être raison. Il m'est arrivé, c'est vrai, d'entendre des gens pousser des grognements sauvages en le faisant. Encore s'agissait-il de vieux messieurs. En règle générale, nous les jeunes ne sommes jamais vraiment à l'aise quand nous n'avons pas les mains dans les poches. Nous paraissons gauches et fuyants, tel le grand bourgeois du music-hall sans son haut-de-forme. Mais qu'il nous suffise de mettre les mains dans nos poches de pantalon, garnies de petite monnaie à droite et d'un trousseau de clés à gauche, et nous voici prêts à affronter une employée des Postes.

On ne sait pas trop quoi faire de ses mains, même fourrées dans nos poches, quand celles-ci sont vides. Il y a des années, à une époque où le montant total de mon capital se réduisait parfois à un shilling, je n'hésitais pas à dilapider un penny dans le seul but d'avoir de la menue monnaie à faire tinter. On se sent un peu moins dans la dèche avec onze pièces de un penny en poche qu'avec un shilling. Si j'avais été snob comme le jeune impécunieux dont nous autres, êtres supérieurs, aimons tant nous moquer, j'aurais échangé mon penny contre deux demi-pennies.

Je peux me prévaloir d'une certaine autorité sur le sujet de la dèche. J'ai été un acteur de province. S'il vous faut une preuve supplémentaire, ce dont je doute, j'ajouterai que j'ai aussi été un « monsieur avec des relations dans le milieu de la presse ». J'ai vécu avec quinze shillings par semaine. J'ai vécu une semaine avec dix, car je devais les cinq restants ; et j'ai vécu pendant quinze jours avec un pardessus.

Et quelle extraordinaire leçon d'économie domestique nous enseigne la dèche ! Si vous voulez connaître la valeur de l'argent, essayez de vivre avec quinze shillings par semaine, et vous verrez combien vous réussirez à mettre de côté pour les vêtements et les loisirs. Vous découvrirez qu'il n'est pas inutile d'attendre sa monnaie, même si ce n'est qu'une petite pièce, ou de faire un kilomètre à pied pour économiser un penny, qu'un verre de bière est un luxe qu'on ne peut s'offrir qu'une fois de temps en temps, et qu'on peut porter le même col quatre jours d'affilée.

Tentez l'expérience juste avant de vous marier, ce sera un excellent entraînement. Mettez votre fils et héritier à ce régime avant de l'envoyer à l'université. Après ça, il ne se plaindra plus de ses cent guinées annuelles d'argent de poche. Je pense aussi à certaines personnes à qui ça ferait un bien fou. Il y a cette fine bouche qui ne peut boire que de grands bordeaux et préférerait presque dîner de viande de chat plutôt que de simple mouton rôti. Il nous arrive parfois de croiser ces pauvres diables, même si, et c'est tout à l'honneur de l'humanité, ils sont principalement confinés dans cette redoutable et extraordinaire société seule connue des romancières. Je ne peux pas entendre l'une de ces créatures discuter la carte d'un restaurant sans être saisi d'une envie folle de la traîner au bar de quelque pub ordinaire de l'East End pour lui faire ingurgiter un menu à six pence – tourte à la viande, quatre pence ; pommes de terre, un penny ; une demi-pinte, un penny. Le souvenir que le bonhomme en garderait (et le parfum mêlé de la bière, du tabac et du rôti de porc laisse en général une impression durable) l'inciterait peut-être à ne plus faire la grimace devant tout ce qu'on lui sert. Et puis il y a ce type généreux, le favori des pique-assiettes, qui est très prodigue de sa petite monnaie, mais ne songe jamais à régler ses dettes. Tirer une fois le diable par la queue lui mettrait peut-être un peu de plomb dans la cervelle. « Je laisse toujours un shilling au garçon. On ne peut pas faire moins, vous savez », m'expliquait un jeune fonctionnaire avec qui je déjeunais l'autre jour à Regent Street. Je convins qu'il était inconcevable de ne donner que onze pence et demi, tout en me promettant de l'emmener un jour dans une cantine dont j'avais le souvenir près de Covent Garden, où le serveur, par commodité, travaille en bras de chemise – une chemise très sale quand arrive la fin du mois. Je connais bien ce serveur. Si mon ami lui laissait plus d'un penny, l'homme insisterait pour lui serrer la main sur-le-champ en témoignage de son estime. De cela, je suis certain.

Beaucoup de choses amusantes ont été dites et écrites sur la débine, mais la réalité n'a rien de comique. Ce n'est pas drôle de devoir ergoter pour quelques pièces. Pas drôle de passer pour avare et mesquin. D'être dépenaillé et d'avoir honte de son adresse. Non, il n'y a rien de drôle dans la pauvreté, du moins pour le pauvre. C'est l'enfer sur terre pour un homme sensible ; et nombre de gentlemen courageux, qui auraient affronté les travaux d'Hercule, ont eu le cœur brisé par ses humiliations mesquines.

Ce n'est pas la gêne elle-même qui est difficile à supporter. Qui n'accepterait pas de vivre un peu à la dure, s'il n'y avait que cela ? Robinson Crusoé se souciait-il d'avoir une pièce à son pantalon ? Portait-il même un pantalon ? Ou se promenait-il tel qu'on le voit dans les pantomimes ? Que lui importait que ses orteils dépassent de ses bottes ? Ou que son parapluie soit en coton, tant qu'il le protégeait de la pluie ? Son allure débraillée ne le gênait pas : aucun de ses amis n'était là pour se moquer de lui.

Ce n'est rien d'être pauvre. Ce qui fait mal, c'est le regard d'autrui. Ce n'est pas le froid qui fait se hâter l'homme sans pardessus. Ce n'est pas la honte de débiter des mensonges – dont il sait qu'ils ne seront pas crus – qui le fait rougir autant quand il vous informe que les pardessus sont mauvais pour la santé et qu'il ne porte jamais de parapluie par principe. C'est facile de dire que la pauvreté n'est pas un crime. Non ; si c'en était un, les hommes n'en auraient pas honte. La faute n'en est pas moins réelle, et elle est punie comme telle. Le pauvre s'attire le mépris du monde entier ; du chrétien comme du lord, du démagogue comme du valet de pied, et toutes les maximes imprimées à l'usage des jeunes rats de bibliothèque ne le feront pas respecter davantage. Les apparences sont tout, et l'homme qui n'hésite pas à descendre Piccadilly bras dessus bras dessous avec la pire crapule de Londres, à supposer que celle-ci soit bien habillée, se glissera dans une ruelle pour échanger quelques mots avec un gentleman déguenillé. Et le gentleman déguenillé le sait (mieux que personne) et fera un détour d'un kilomètre pour éviter de croiser une connaissance. Ceux qui l'ont fréquenté du temps de sa prospérité n'ont pas à craindre de devoir détourner la tête. Il a encore mille fois plus à cœur qu'eux de ne pas être vu ; quant à leur aide, il redoute plus que tout de se la voir offrir. Tout ce qu'il veut, c'est qu'on l'oublie ; à cet égard, il a généralement la chance d'être exaucé.

On s'habitue à la dèche comme à tout le reste, grâce à l'aide de ce vieux et merveilleux médecin homéopathe qu'est le Temps. Un coup d'œil suffit à faire la différence entre le vieux client et le novice ; entre l'homme aguerri, accoutumé à lutter depuis des années pour s'en sortir, et le pauvre débutant qui tâche de cacher sa misère et vit dans l'angoisse permanente d'être découvert. Leur différence apparaît clairement dans la façon dont l'un et l'autre vont mettre leur montre en gage. Comme dit le poète quelque part : « La véritable aisance au mont-de-piété est le fruit de la pratique et non pas du hasard. » L'un entre chez « ma tante » avec autant de sang-froid que s'il allait chez son tailleur – ou plus, très probablement. Tout aussi affable, l'employé s'occupe de lui aussitôt, à la plus grande indignation de la dame qui est au guichet d'à côté et qui concède cependant, sarcastique, qu'elle veut bien attendre « si c'est un habitué ». Puis la transaction s'opère de manière si courtoise et professionnelle qu'on croirait à un gros achat sur le marché mondial. Et dire qu'un homme se met dans tous ses états lors de sa première mise au clou ! En comparaison, le garçon qui fait sa première demande en mariage est l'assurance même. Notre novice traîne devant le magasin du prêteur sur gages jusqu'à ce qu'il ait réussi à attirer l'attention de tous les fainéants du quartier et éveillé les soupçons du policier qui faisait sa ronde. Après avoir examiné en détail le contenu des vitrines, dans le but de faire croire aux passants qu'il s'apprête à aller acheter un bracelet en diamants ou quelque autre bagatelle, il entre d'une démarche qu'il voudrait négligemment chaloupée et qui lui donne en réalité l'allure d'un membre de la pègre. Une fois à l'intérieur, il parle d'une voix si basse qu'elle en devient parfaitement inaudible, ce qui l'oblige à tout répéter. Quand, au milieu de son monologue décousu où il est question d'un « ami » à lui, survient le mot « prêt », on lui répond promptement de remonter la rue à droite et de passer la première porte au coin. Il ressort du magasin avec le visage en feu et la nette impression d'être le point de mire général. Une fois arrivé au bon endroit, il ne sait plus où il habite ni comment il s'appelle, et il se trouve dans un état d'hébétude tel qu'on ne peut plus rien tirer de lui. Lorsqu'on lui demande d'un ton sévère comment il est entré en possession de « ça », il bégaie et se contredit, et c'est miracle s'il n'avoue pas l'avoir volé le jour même. Sur quoi on l'informe qu'on ne veut rien avoir à faire avec quelqu'un comme lui et qu'il ferait mieux de déguerpir aussi vite que possible. Il s'exécute. Et il recouvre ses esprits à cinq kilomètres de là, sans avoir la moindre idée de la façon dont il y est arrivé.

À propos de montre, notez qu'il est assez gênant de dépendre des pubs ou des églises pour connaître l'heure. Elle passe généralement trop vite dans les premiers et trop lentement dans les secondes. De plus, pour apercevoir de l'extérieur l'horloge du pub, il faut surmonter tout un tas d'obstacles. Si vous entrouvrez la porte battante pour jeter un coup d'œil dans la salle, vous vous attirez un regard méprisant de la serveuse, qui vous classe aussitôt parmi les mouchards et les parasites. Vous éveillez aussi une certaine agitation parmi les clients mariés. Vous ne voyez pas l'horloge parce qu'elle se trouve derrière la porte, et, en tentant de vous retirer discrètement, vous vous coincez la tête. L'autre méthode consiste à faire des bonds devant la fenêtre. Après quoi, cependant, si vous ne sortez pas un banjo et ne commencez pas à chanter, vous risquez de décevoir les enfants du quartier, rassemblés autour de vous.

J'aimerais aussi savoir quelle mystérieuse loi de la nature fait que dans la demi-heure où vous avez mis votre montre « à réparer », quelqu'un vous arrête immanquablement dans la rue pour vous demander l'heure. Personne n'avait jamais témoigné la moindre curiosité pour le sujet quand vous la portiez.

Les vieilles dames et les vieux messieurs qui n'ont jamais connu la dèche – et pourvu que ça dure pour ces chères têtes grises ! – considèrent le mont-de-piété comme le stade ultime de la déchéance ; mais les familiers de la débine (mes lecteurs eux-mêmes l'auront sûrement remarqué) sont souvent surpris, comme le petit garçon qui a rêvé qu'il entrait au paradis, d'y rencontrer tant de gens qu'ils ne s'attendaient pas à y voir. À mon sens, c'est faire preuve de beaucoup plus d'indépendance que d'emprunter à des amis, comme je tente toujours de le faire comprendre à mes connaissances promptes à me réclamer « deux livres jusqu'à après-demain ». Mais tous ne se laissent pas convaincre. L'un d'eux m'a un jour fait remarquer qu'il était contre le principe. S'il avait affirmé être contre les intérêts, il aurait été plus près de la vérité : vingt-cinq pour cent, ça fait beaucoup !

Il y a des degrés dans la dèche. Nous sommes tous plus ou moins dedans – plutôt plus, pour la plupart. Certains sont à court de mille livres ; d'autres d'un shilling. En ce moment, j'aurais moi-même besoin de cinq livres. Pour un jour ou deux seulement. Je suis sûr de pouvoir les rembourser d'ici à la fin de la semaine, au plus tard. Si, parmi mes lecteurs, une dame ou un monsieur avait la bonté de bien vouloir me les prêter, je lui serais très obligé. Qu'ils n'hésitent pas à me les envoyer sous pli chez MM. Field & Tuer, en prenant soin de bien sceller l'enveloppe. Je ne manquerai pas de vous signer une reconnaissance de dettes.

DE LA VANITÉ ET DES VANITÉS

TOUT EST VANITÉ et tout le monde est vaniteux. Les femmes le sont terriblement. Les hommes aussi, et plus encore, si c'est possible. Et les enfants… les enfants le sont tout particulièrement. Il y en a une qui, à l'instant même, est en train de marteler mes jambes. Elle veut savoir ce que je pense de ses nouvelles chaussures. Sincèrement, je n'en pense pas beaucoup de bien. Elles manquent de symétrie et de cambrure, et présentent un aspect bosselé difficile à décrire (je crois aussi qu'elle s'est trompée de pied). Mais je ne le dis pas. La gamine ne cherche pas la critique, mais la flatterie ; de sorte que je me répands en compliments sur ses souliers avec un enthousiasme que je juge dégradant. Ce petit ange entêté n'accepterait rien d'autre. Une fois, avec elle, j'ai tenté l'approche de l'ami sincère, mais ça n'a pas été un succès. Elle m'avait demandé mon avis sur son comportement en général, formulant la question comme suit : « Tu trouves que ze suis zentille ?

T'es content de moi ? » Voyant là une bonne occasion de faire quelques remarques salutaires sur sa récente conduite, j'avais répondu : « Non, je ne suis pas du tout content de toi. » Je lui avais rappelé les événements du matin et lui avais demandé comment une petite chrétienne comme elle pouvait s'attendre à ce qu'un oncle avisé et bienveillant soit satisfait des incartades d'une enfant qui avait réveillé la maisonnée entière à cinq heures, renversé une carafe d'eau puis dégringolé l'escalier à sept, tenté de baigner le chat à huit et s'était assise sur le chapeau de son père une heure et demie plus tard.

Comment avait-elle réagi ? M'avait-elle témoigné de la reconnaissance pour ma franchise ? Avait-elle médité mes paroles puis décidé d'en tirer un enseignement et de mener désormais une vie meilleure et plus noble ?

« Non ! » avait-elle braillé.

Puis elle était devenue grossière :

« Oh, le méfant, méfant tonton. Ze vais le dire à maman. »

Et c'est ce qu'elle avait fait.

Depuis lors, chaque fois que mon opinion est sollicitée, je garde mes vrais sentiments pour moi, préférant exprimer une admiration sans réserve pour les actes de cette jeune personne, nonobstant leurs mérites réels. Et la gamine de hocher la tête et de partir en trottinant pour faire part de ma sentence au reste de la maisonnée. Elle semble l'utiliser comme un sésame pour atteindre des objectifs mercenaires, car j'entends ensuite au loin : « Tonton dit que ze suis zentille, ze veux avoir deux tos (gâteaux). »

En ce moment même, elle contemple ses orteils, ravie, en murmurant « zolie » : soixante-cinq centimètres de suffisance et de vanité, sans parler de ses autres travers.

Ils sont tous pareils. Je me souviens d'un après-midi ensoleillé où j'étais assis dans un jardin d'une banlieue de Londres. Soudain, par la fenêtre d'une maison voisine, j'avais entendu retentir une voix de soprano stridente, s'adressant à un être invisible, sans doute dans le jardin en contrebas : « Mamie, z'ai été très sage ; ze veux mettre les culottes de Bob. »

Figurez-vous que même les animaux sont vaniteux. L'autre jour, j'ai surpris un terre-neuve assis devant un miroir à l'entrée d'un magasin de Regent's Circus : il s'admirait avec une fatuité que je n'avais vue nulle part ailleurs, sinon dans une réunion paroissiale.

Je me trouvais dans une ferme lors d'une fête quelconque. Je ne me souviens plus de l'occasion exacte, le 1er mai ou le jour de la Saint-Jean, et l'on avait passé une guirlande de fleurs autour du cou d'une vache. Eh bien, ce quadrupède ridicule s'était pavané toute la journée, aussi guillerette qu'une écolière dans sa nouvelle robe ; et lorsqu'on lui avait retiré sa guirlande, elle s'était mise à bouder et il avait fallu la lui remettre pour qu'elle se tienne tranquille pendant la traite. Ce n'est pas une anecdote de l'almanach Vermot. C'est la pure et simple vérité.

Quant aux chats, ils n'ont rien à envier aux humains en matière de vanité. J'en ai déjà vu un se lever et quitter la pièce après qu'un visiteur eut fait une remarque désobligeante sur son espèce ; un compliment bien tourné, en revanche, le fera ronronner pendant une heure.

J'aime beaucoup les chats. Ils sont si amusants sans le vouloir, avec leur dignité comique, cet air de dire « comment osez-vous ! », « Allez-vous-en et ne me touchez pas ». Alors qu'il n'y a aucune arrogance chez un chien. Ils sont plutôt « Salut, mon gars, content de te voir » dès qu'ils croisent Tom, Dick ou Harry. Quand je rencontre un chien de ma connaissance, je lui tapote la tête, le traite de tous les noms, je le fais rouler sur le dos, et lui reste couché là, gueule béante, sans se formaliser le moins du monde.

Imaginez faire la même chose à un chat ! Il ne vous adresserait plus jamais la parole. Non, si vous voulez vous faire bien voir d'un chat, il faut montrer patte blanche et procéder avec prudence. Si vous ne le connaissez pas, mieux vaut commencer par un « Pauvre minet ». Après quoi, ajoutez « Didums » d'un ton tendrement rassurant. Vous ne savez pas ce que vous voulez dire, lui non plus, mais vos bonnes dispositions semblent l'amadouer, au point que si vous avez des manières comme il faut et un physique passable, il fera le gros dos et se frottera contre vous. Arrivé à ce stade, vous pouvez vous risquer à le gratouiller sous le menton et à lui chatouiller le côté de la tête, et l'intelligente créature plantera ses griffes dans vos jambes ; tout ne sera plus alors qu'amitié et affection, comme la charmante comptine l'exprime si joliment :

J'aime le petit minou avec son poil si doux,
Si je ne le taquine pas, il ne me fera pas mal du tout ;
Je le caresse, le flatte et le nourris,
Et le minou m'aimera parce que je suis gentil.

Les deux derniers vers nous donnent une idée assez juste de l'opinion du minou sur la bonté humaine. Il est évident que, pour lui, la bonté consiste à le caresser, à le flatter et à le nourrir. Cette vision étroite de la vertu n'est, hélas, pas l'apanage du minou. Nous avons nous aussi tendance à juger autrui selon ces mêmes critères. Un homme bon est un homme bon avec nous, et un mauvais homme celui qui ne se plie pas à notre volonté. En vérité, nous avons tous la conviction innée que le monde entier, avec tout ce qu'il englobe, est une sorte d'appendice nécessaire de nous-mêmes. Nos congénères, hommes ou femmes, ont été conçus dans le but de nous admirer et de pourvoir à nos différents besoins. Vous et moi, cher lecteur, nous nous croyons chacun au centre de l'univers. Selon moi, vous avez été créé par une Providence attentionnée afin de lire ce que j'écris et afin de me payer pour ça ; tandis que, selon vous, j'ai été envoyé dans le monde afin d'écrire de quoi vous offrir de la lecture. Les étoiles – ainsi que nous nommons la myriade d'autres mondes qui filent à côté de nous dans le silence éternel – ont été placées au firmament afin que le ciel nous paraisse intéressant à contempler la nuit ; et la lune, sa face cachée et ses sombres mystères, est un décor sous lequel flirter.

Je crains que nous ne soyons presque tous pareils au coq nain de Mme Poyser, qui s'imaginait que le soleil se levait tous les matins pour l'écouter chanter. « C'est la vanité qui fait tourner le monde. » L'homme sans vanité n'a sûrement jamais existé, et, dans le cas contraire, on n'aurait pas eu envie de le fréquenter. Ce serait un homme bon, bien sûr, qui mériterait tout notre respect. Un homme admirable, à mettre sous une cloche de verre et à exhiber comme un spécimen, ou bien à poser sur un piédestal et à copier, comme un modèle. Un homme à révérer, certes, mais pas un homme à aimer, pas un frère humain dont nous voudrions serrer la main. Les anges sont sûrement d'excellentes créatures dans leur genre ; cependant, dans notre condition présente, nous autres, pauvres mortels, trouverions sans doute leur compagnie très ennuyeuse. Même les gens simplement bons sont assez sinistres. C'est par nos défauts et nos fautes, non pas par nos vertus, que nous touchons les cœurs et nous attirons la sympathie. Nous différons beaucoup par nos qualités, mais partageons tous les mêmes travers. Certains sont pieux, d'autres généreux. Quelques-uns sont honnêtes (tout est relatif) et d'autres, encore plus rares, sont peut-être même sincères, mais pour ce qui est de la vanité et de ce genre de faiblesses, nous sommes tous logés à la même enseigne. La vanité est l'un de ces traits communs de la nature qui font du monde entier une famille. Du guerrier indien, fier de sa ceinture de scalps, au général européen, bombant le torse sous ses rangées de médailles ; du Chinois ravi de la longueur de sa natte à la « beauté professionnelle » qui souffre le martyre pour avoir une taille de guêpe ; de Polly Stiggins, la petite souillon, qui se pavane au carrefour de Seven Dials sous une ombrelle déchirée, à la princesse qui traverse majestueusement un salon suivie de sa traîne de quatre mètres de long ; de Arry, qui par ses plaisanteries vulgaires suscite les gros rires de ses copains, à l'homme d'État émoustillé par les acclamations qui saluent ses envolées pompeuses ; de l'Africain à la peau noire, qui troque son ivoire et ses huiles rares contre quelques perles en verroterie à accrocher autour de son cou, à la jeune chrétienne qui vend son corps blanc pour une poignée de pierres précieuses et un titre creux à accoler devant son nom – tous marchent, combattent, saignent et meurent sous son étendard clinquant.

Oui, la vanité est la vraie force motrice de l'humanité, et c'est la flatterie qui graisse les roues. Si vous voulez gagner l'affection et le respect de vos semblables, flattez-les. Flattez tant que vous pouvez, le riche et le pauvre, le sage et l'imbécile. Vous réussirez remarquablement bien dans la vie. Louez les vertus de tel homme et les vices de tel autre. Admirez tout chez tout le monde, en particulier ce qu'ils n'ont pas. Complimentez les laids pour leur beauté, les idiots pour leur esprit et les rustres pour leur éducation. Votre intelligence et votre discernement seront portés aux nues.

Tout le monde se laisse prendre à la flatterie. Le chevalier de la Jarretière – c'est l'expression exacte, je crois (j'ignore ce qu'elle veut dire, si ce n'est qu'elle parle d'un chevalier qui porte une jarretière ; certains hommes en mettent ; moi, personnellement, je n'aime pas ça) –, le chevalier de la Jarretière, je l'affirme, est aussi sensible à la flatterie que n'importe quel autre être humain, de la duchesse au vendeur de viande pour chat, du jeune laboureur au poète – et le poète bien plus encore que le laboureur, car le beurre pénètre plus facilement le pain au froment que les gâteaux d'avoine.

Quant à l'amour, la flatterie est son oxygène. Remplissez une personne d'amour pour elle-même, et le trop-plein vous reviendra, disait un certain Français plein d'esprit dont le nom m'échappe (la barbe ! je ne me souviens jamais des noms quand je le voudrais). Dites à une fille qu'elle est un ange, en plus angélique ; que c'est une déesse, quoique plus gracieuse, royale et divine que la déesse Lambda ; qu'elle est plus fée que Titania, plus belle que Vénus, plus enchanteresse que Parthénope ; plus adorable, charmante et rayonnante que toute autre femme qui a vécu, vit ou vivra, et vous ferez très bonne impression sur son petit cœur confiant. La douce innocente ! elle croira à toutes vos paroles. C'est si facile de tromper une femme, de cette façon.

À les entendre, les chères petites détestent la flatterie. Et quand vous leur déclarerez : « Ah, chérie, dans votre cas ce n'est pas de la flatterie, c'est la pure et simple vérité ; vous êtes vraiment, sans exagération, la plus belle, la meilleure, la plus charmante, la plus sublime, la plus parfaite créature humaine qui ait jamais foulé cette terre », elles esquisseront un sourire silencieux et approbateur et, s'appuyant sur votre épaule virile, elles murmureront que, finalement, vous êtes un type bien.

Imaginez donc un homme qui essaierait de faire sa cour en respectant les principes de l'honnêteté, qui s'engagerait à ne jamais formuler de compliment gratuit ni à manier l'hyperbole, mais à s'en tenir à la scrupuleuse vérité. Imaginez-le plonger dans les yeux de sa maîtresse et lui susurrer qu'elle n'est somme toute pas laide, comparée aux autres ! Imaginez-le prendre sa petite main et lui assurer que sa peau a une teinte grise striée de rouge ; lui chuchoter, en la serrant contre son cœur, que son nez, tout retroussé qu'il est, n'en est pas moins joli ; et que ses yeux, pour autant qu'il puisse en juger, semblent légèrement au-dessus de la moyenne !

Quelles seraient ses chances, face à un homme qui lui dirait que son visage est une rose fraîche, que ses cheveux sont comme un rayon de soleil vagabond emprisonné par ses sourires, et ses yeux deux étoiles scintillantes ?

Il y a différentes formes de flatterie, et il convient, bien sûr, d'adapter votre style à votre sujet. Certaines personnes l'aiment étalée en couche épaisse, ce qui nécessite très peu d'habileté de votre part. Avec des personnes raisonnables, cependant, la délicatesse est de mise, et il faudra suggérer plutôt que dire. Nombreux sont ceux qui l'apprécient dissimulée sous le masque de l'insulte, ainsi de : « Oh, quel idiot tu es. Tu serais prêt à donner ton dernier penny au premier mendiant affamé qui passe ! » D'autres ne l'avaleront que si elle est administrée par l'entremise d'une troisième personne, de sorte que si C souhaite atteindre A, il doit confier à B, l'ami intime de A, qu'il trouve ce dernier formidable en suppliant B de ne pas le répéter, surtout pas à A. Assurez-vous cependant que B est bien un homme de confiance, sans quoi il ne le répétera pas.

Ces beaux et robustes Anglais qui « détestent la flatterie, monsieur », « ne laisseront jamais personne les avoir par la flatterie », etc., sont très faciles à circonvenir. Il vous suffit d'admirer leur absence de vanité, et vous ferez d'eux ce que vous voudrez.

Après tout, la vanité est autant une vertu qu'un vice. Il est facile de réciter des maximes qui la dénoncent, mais c'est une passion qui peut nous entraîner vers le bien autant que vers le mal. L'ambition n'est qu'une version ennoblie de la vanité. Nous recherchons les éloges et l'admiration – ou la gloire, si l'on préfère la nommer ainsi –, aussi écrivons-nous de grands livres, peignons-nous de magnifiques tableaux et chantons-nous de douces chansons ; et nous sommes tout prêts à travailler d'arrache-pied dans un bureau, un atelier ou un laboratoire.

Nous souhaitons devenir riches, non pas pour profiter de l'aisance et du confort – tout ce qu'ils peuvent offrir s'achète n'importe où pour deux cents livres par an –, mais pour que notre maison soit plus grande et plus richement meublée que celle de nos voisins ; pour avoir plus de chevaux et de domestiques qu'eux ; pour pouvoir habiller notre épouse et nos filles de vêtements ridicules mais coûteux ; pour pouvoir donner des dîners onéreux durant lesquels nous-mêmes n'avalons pas plus d'un shilling de nourriture. Et pour atteindre ce but, nous participons à l'activité du monde avec l'esprit clair et déterminé, développons le commerce entre les peuples et apportons la civilisation jusqu'aux confins de la planète.

Retenons-nous dès lors de dénigrer la vanité, mais utilisons-la. L'honneur lui-même en est la forme la plus haute. Ce penchant naturel n'est pas réservé aux Beau Brummel et aux Dolly Varden. Il y a la vanité du paon et la vanité de l'aigle. Les snobs sont vaniteux, mais les héros le sont aussi. Allons, mes jeunes amis, soyons vaniteux ensemble. Aidons-nous les uns les autres à accroître notre vanité. Soyons fiers, non pas de nos pantalons ou de nos cheveux, mais de nos cœurs courageux, de nos mains travailleuses, de la vérité, de la pureté et de la noblesse. Que la vanité nous empêche de nous abaisser à la méchanceté ou à la vilenie, nous garde de l'égoïsme mesquin ou de la basse convoitise, de toute parole désobligeante et de tout acte malveillant. Enorgueillissons-nous d'être des hommes droits et intègres dans un monde de filous. Soyons fiers d'avoir des pensées élevées, d'accomplir de grandes choses et de mener des vies respectables.

vanité nous empêche de nous abaisser à la méchanceté ou à la vilenie, nous garde de l'égoïsme mesquin ou de la basse convoitise, de toute paresse, [illegible] et de toute malveillance. Enorgueillissons-nous d'être des hommes droits et intègres dans un monde de filous, ayons fierté d'avoir des pensées élevées, d'accomplir de grandes choses et de mener des vies respectables.

DE LA FAÇON DE FAIRE SON CHEMIN DANS LE MONDE

PAS EXACTEMENT la préoccupation d'un paresseux, n'est-ce pas ? Mais vous savez, de l'extérieur, on a souvent une meilleure vue d'ensemble du match. Assis sous ma tonnelle au bord de la route, où je fume le houka du contentement et mâche les feuilles de lotus sucrées de l'indolence, je peux regarder, rêveur, la foule tourbillonnante qui file devant moi sur la grand-route de la vie.

Cette folle procession n'a pas de fin. Jour et nuit, on entend le martellement précipité des myriades de pieds qui courent, marchent ou boitent, tout à cette course fiévreuse dans laquelle ils se jettent à corps et à âme perdus, pour atteindre cet horizon du succès qui s'éloigne sans cesse.

Observez leur flot – hommes et femmes, jeunes et vieux, nobles et simples, honnêtes et infâmes, riches et pauvres, tristes et gais, qui tous se hâtent, se bagarrent et se bousculent. Le fort pousse le faible, le rusé double le sot ; derrière, ça joue des coudes ; devant, ça lance des coups de pied. Regardez-moi ce branle-bas ! Ici, un vieillard tente de reprendre son souffle, et là, une timide jeune fille se laisse conduire par une sévère matrone au visage anguleux ; là, un jeune homme studieux lit *Comment réussir dans la vie ?* et, le nez plongé dans son livre, se fait dépasser par tout le monde ; ce monsieur, là-bas, paraît s'ennuyer tandis qu'une femme à la mode le tire par le coude ; et ce garçon lance un regard mélancolique au village ensoleillé qu'il ne reverra pas ; ici, un gaillard bien charpenté avance d'un pas conquérant ; là, un pauvre diable émacié, le dos voûté, trébuche et traîne les pieds ; là, les yeux rivés au sol, un petit malin zigzague d'un côté à l'autre de la route en croyant aller de l'avant ; et un jeune homme aux traits nobles hésite, alors que son regard passe de son lointain objectif à la boue entre ses pieds.

Et voici qu'apparaît une jolie fille, dont le visage délicat se ride à chaque pas, puis un homme accablé par les soucis, puis un gars rempli d'espoir.

Une foule hétéroclite – tellement hétéroclite ! Prince et mendiant, saint et pécheur, boulanger, boucher et fondeur de suif, rétameur et tailleur, matelot et laboureur avancent ensemble en bousculade. Ici, l'avocat en robe et perruque ; là, le vieux Juif marchand de vêtements coiffé d'un bonnet miteux ; le soldat dans son uniforme écarlate et le muet de croque-mort avec son chapeau à long crêpe et ses gants de coton usés ; le savant poussiéreux qui feuillette ses pages jaunies et l'acteur parfumé qui fait tinter ses breloques. Le politicien hâbleur vantant à grands cris ses panacées législatives et le camelot itinérant brandissant ses remèdes de charlatan. Le capitaliste tiré à quatre épingles et l'ouvrier musclé ; l'homme de science et le savetier ; le poète et le receveur des eaux ; le ministre et la ballerine ; le tenancier de pub au nez rouge faisant l'éloge de ses tonneaux et le conférencier prônant la tempérance pour cinquante livres la soirée ; ici un juge, là un escroc ; ici un prêtre, là un joueur. Ici une duchesse parée de bijoux, souriante et gracieuse ; là la maigre tenancière d'une pension de famille lassée de faire la cuisine, et là-bas une créature arrogante et vacillante, au visage fardé et aux vêtements clinquants.

Ils luttent au coude à coude pour progresser. Criant, jurant et priant, riant, chantant et gémissant, ils défilent en rangs serrés. Sans jamais ralentir la cadence, sans jamais abandonner la course, sans jamais s'accorder de repos près d'une fontaine fraîche ou à l'ombre des arbres. En avant ! dans la chaleur, la cohue et la poussière. En avant ! sous peine de se faire piétiner et de se perdre. En avant ! la tête bourdonnante et les jambes chancelantes. En avant ! Jusqu'à la nausée, jusqu'à ce que la vue se trouble et qu'un râle annonce aux suivants qu'ils vont peut-être gagner une place.

Et pourtant, malgré l'allure infernale et les cahots du chemin qui, hormis le fainéant et le simple d'esprit, peut se tenir à l'écart de ce flot ? Qui, tel le voyageur retardataire qui regarde la ronde des fées, puis arrache et vide la coupe du lutin avant de plonger dans le tourbillon, peut observer le tumulte sans se laisser happer ? Pas moi, en tout cas. J'avoue qu'une tonnelle au bord de la route, le houka du contentement et les feuilles de lotus ne sont pas de bonnes métaphores. Elles sonnaient bien et paraissaient très philosophiques, mais je ne suis, hélas, pas du genre à rester assis sous les tonnelles en fumant la pipe quand les autres s'amusent dehors. Je ressemble davantage à l'Irlandais qui, voyant une foule se former, envoie sa petite fille demander s'il va y avoir une bagarre – « parce que dans ce cas, papa voudrait bien en être ».

J'adore cette lutte acharnée. J'aime l'observer et entendre l'histoire des gens qui réussissent, qui se frayent un chemin par leurs efforts honnêtes et courageux, non pas grâce à la chance ni à la tricherie. Voilà qui réveille mes vieux instincts de Saxon, comme ces légendes qui nous faisaient frissonner lorsque nous étions petits garçons et où il était question de « chevaliers affrontant de redoutables périls ».

Et livrer la bataille de la vie, c'est aussi affronter de redoutables périls. Il reste encore des géants et des dragons en ce XIXe siècle, et le coffre d'or qu'ils serrent n'est pas aussi facile à ravir qu'il apparaît dans les contes. Dans ceux-là, Algernon lance un long et dernier regard au château de ses ancêtres, essuie une larme et s'en va – pour revenir trois ans plus tard, couvert de richesses. Les auteurs ne précisent pas « comment il a fait ». Dommage : ce serait sûrement passionnant.

Mais, à coup sûr, il ne se trouvera pas un romancier sur mille pour nous raconter la véritable histoire de son héros. Ils s'attardent pendant dix pages sur le thé de cinq heures, mais résument l'histoire d'une vie d'un « il était devenu l'un de nos princes marchands », ou d'un « parvenu au sommet de son art, il avait maintenant le monde à ses pieds ». Franchement, une seule chanson d'opéra-comique contient plus de réalité que la moitié des romans biographiques jamais écrits. Gilbert, le librettiste, nous raconte toutes les étapes que le garçon de bureau franchit pour finir « à la tête de la Marine royale » ; il nous explique comment l'avocat sans clientèle a réussi à devenir un grand et bon juge, « prêt à statuer sur cette rupture de promesse de mariage ». L'intérêt de l'existence réside dans les détails insignifiants et non pas dans les brillants résultats.

Ce que nous aimerions vraiment, c'est un roman qui nous montre tous les méandres souterrains de la carrière d'un ambitieux : ses luttes et ses échecs, ses espoirs, ses déceptions et ses victoires. L'ouvrage rencontrerait un immense succès. Voir le héros courtiser la Fortune serait aussi intéressant que de le voir séduire une jeune fille, même si, soit dit en passant, les deux récits seraient tout à fait comparables ; car la Fortune, selon la représentation des Anciens, ressemble beaucoup à une femme (peut-être un peu moins déraisonnable et inconsistante, mais à peine), et la quête est assez similaire dans les deux cas. Le distique de Ben Jonson résume bien les deux :

> Courtisez une maîtresse, elle vous rejettera ;
> Négligez-la et elle vous courtisera.

Une femme n'aime jamais pleinement son amant avant qu'il n'ait cessé de l'aimer ; et c'est seulement quand vous avez fait un pied de nez à la Fortune puis tourné les talons qu'elle commence à vous sourire.

Mais à ce moment-là, vous vous moquez pas mal qu'elle sourie ou fasse la grimace. Que ne pouvait-elle vous sourire à l'époque où un sourire d'elle vous aurait ravi ! Tout arrive trop tard en ce monde.

Les braves gens vous diront que c'est bien ainsi : ça prouve que l'ambition est pernicieuse.

Sottises ! Les braves gens se trompent complètement. (Comme toujours, d'après moi. Nous ne sommes jamais d'accord sur rien.) Que ferait le monde sans les ambitieux, je vous le demande ? Il serait aussi mou qu'un pudding du Norfolk. Les ambitieux sont le levain qui en fait un pain nourrissant. Sans eux, le monde ne se lèverait jamais. Ce sont des casse-pieds qui s'activent tôt le matin, crient, manient le marteau et le tisonnier, en empêchant généralement le reste de la maison de rester au lit.

Ce serait mal d'être ambitieux, vraiment ? Il faudrait condamner ces hommes au dos voûté et au front couvert de sueur, qui bâtissent les routes où l'humanité avance de génération en génération ? leur reprocher d'utiliser les talents que leur Maître leur a donnés – pour travailler pendant que d'autres s'amusent !

Bien sûr qu'ils en attendent une récompense. L'homme n'est pas doué de cette générosité divine qui ne se soucie que du bien d'autrui. Mais en travaillant pour eux-mêmes, ils travaillent pour nous tous. Nous sommes tous tellement liés les uns aux autres qu'aucun homme ne peut trimer dans son seul intérêt. Chaque fois qu'il œuvre pour lui-même, il participe à la construction de l'univers. Le ruisseau, dans son élan, fait tourner la roue du moulin ; le corail, en formant son polype minuscule, relie des continents ; et l'homme ambitieux, bâtissant son propre piédestal, laisse un monument à la postérité. Alexandre et César combattirent pour leurs propres fins ; ce faisant, ils nouèrent une ceinture de civilisation autour de la moitié de la terre. Stephenson, pour faire fortune, inventa la machine à vapeur ; et Shakespeare écrivit ses pièces pour offrir un foyer confortable à Mme Shakespeare et aux petits Shakespeare.

Satisfaits de leur sort, les gens sans ambition sont très bien comme ils sont. Ils forment un arrière-plan utile à ceux qui peignent de grands portraits et ils constituent un public respectable, sinon particulièrement intelligent, devant lequel peuvent se produire les esprits actifs de leur temps. Je n'ai rien à redire des gens satisfaits, tant qu'on ne les entend pas. Mais qu'ils ne s'avisent surtout pas d'aller parader, comme ils aiment à le faire, en clamant qu'ils sont un modèle pour l'espèce entière. Enfin tout de même ! Ce sont les mouches du coche, les bourdons de la grande ruche, les foules désœuvrées qui restent là, bouche ouverte, à regarder ceux qui travaillent.

Et qu'ils n'aillent pas non plus s'imaginer (comme ils aiment aussi à le faire) qu'ils sont très philosophes et ont choisi l'attitude la plus sage. Certes, « un esprit satisfait est heureux partout », mais on peut en dire autant de l'âne. Résultat : l'un et l'autre sont mis n'importe où et traités n'importe comment. « Oh, ne vous inquiétez pas pour lui », voilà ce qu'on dit, « il est très content comme ça, ce serait dommage de le déranger ». Et c'est ainsi que l'homme satisfait est négligé, tandis que le mécontent lui prend sa place.

Si vous avez la bêtise d'être satisfait, ne le montrez pas, mais râlez comme tout le monde. Et si vous vous contentez de peu, demandez beaucoup, sans quoi vous ne récolterez rien du tout. En ce monde, il est nécessaire d'adopter la stratégie du plaignant dans une action en dommages-intérêts, à savoir de réclamer dix fois plus que ce que vous êtes prêt à accepter. Si vous croyez pouvoir vous satisfaire de cent, commencez par exiger mille ; si au départ vous demandez cent, vous n'obtiendrez que dix.

C'est pour n'avoir pas suivi ce plan simple que le pauvre Jean-Jacques Rousseau a si mal fini. Il avait décrété que le comble du bonheur terrestre aurait été pour lui de vivre dans un verger avec une femme aimable et une vache, et il n'a même pas eu droit à ça. Il a certes eu son verger ; pourtant non seulement la femme n'était pas aimable, mais en plus elle avait amené sa mère, et il n'y avait pas de vache. Alors que s'il avait brigué un grand domaine campagnard, une maisonnée pleine d'anges et un cheptel de concours, il aurait peut-être terminé avec son potager et une tête de bétail. Et qui dit qu'il n'aurait pas aussi rencontré cette *rara avis* : une femme véritablement aimable ?

Sans compter que la vie doit être terriblement ennuyeuse pour les gens contents de leur sort. Comme le temps doit leur peser ! À quoi donc occupent-ils leurs pensées, à supposer qu'ils en aient ? En guise de nourriture intellectuelle, la majorité d'entre eux lit le journal et fume, ce à quoi les plus dynamiques ajoutent la pratique de la flûte et les commérages sur le voisin.

Ils n'ont jamais connu l'excitation de l'attente, ni le plaisir austère de l'effort accompli qui exaltent l'homme pourvu d'objectifs, d'espoirs et de projets. Pour l'ambitieux, la vie est un jeu passionnant, qui réclame tout son doigté, toute son énergie et tout son sang-froid ; un jeu qui se gagne à long terme, grâce à un œil vif et une main ferme, mais où le hasard joue un rôle suffisant pour donner à l'entreprise le savoureux piquant de l'incertitude. L'ambitieux s'en délecte comme le puissant nageur exulte dans les rouleaux, l'athlète dans la lutte, le soldat dans la bataille.

Et s'il doit être vaincu, il aura gagné la joie sombre de s'être battu ; s'il perd la course, du moins aura-t-il eu son tour de piste. Mieux vaut travailler et échouer que de passer sa vie à dormir.

Alors en piste, en piste, en piste. En piste, mesdames et messieurs ! En piste, garçons et filles ! Montrez votre adresse et testez votre force ; tentez votre chance et prouvez votre vaillance. En piste ! La fête est toujours ouverte et la partie ne s'arrête jamais. Le seul sport authentique de toute la foire – hautement respectable et parfaitement moral – encouragé par la noblesse, le clergé et la bourgeoisie. Établi depuis l'an I, messieurs, et qui n'a cessé de prospérer depuis – en piste ! En piste, mesdames et messieurs, venez participer. Tout le monde peut jouer : il y a assez de lots pour tout le monde. De l'or pour l'homme et la gloire pour le garçon ; un haut rang pour la jeune fille et du plaisir pour l'imbécile. Alors en piste, mesdames et messieurs, en piste ! Des lots en pagaille et pas de ticket perdant ; car si seuls quelques-uns décrochent la palme, pour les autres, eh bien…

Le ravissement de la quête
Est le prix décerné au vaincu.

DU TEMPS QU'IL FAIT

RIEN NE VA comme je le voudrais. Je cherchais un sujet inédit et original pour l'un de ces articles. Je me disais : « Je vais écrire un papier sur un thème complètement neuf. Un thème dont personne n'a encore jamais parlé et sur lequel rien n'a jamais été écrit, de sorte que je pourrai le traiter entièrement à ma façon. » Et j'ai passé des jours à chercher un sujet de ce genre, sans résultat. Puis Mme Cutting, notre femme de ménage, est venue hier – je n'hésite pas à citer son nom, puisque je sais qu'elle ne lira pas ce livre. Jamais elle ne poserait les yeux sur une publication aussi frivole : elle ne lit que la Bible et le *Lloyd's Weekly News*. Toute autre littérature lui paraît inutile et scandaleuse.

« Mon Dieu, monsieur, vous avez vraiment l'air soucieux, m'a-t-elle dit.

– Madame Cutting, j'essaie de trouver un sujet dont le traitement prendra le monde par surprise… un sujet sur lequel aucun être humain n'a jamais dit un mot… qui séduira le lecteur par sa nouveauté et le secouera par sa surprenante fraîcheur. »

Elle a ri et répondu que j'étais un drôle de monsieur.

C'est bien ma chance, une fois encore. Quand je fais des observations sérieuses, les gens gloussent, et quand j'essaie de lancer une blague, personne ne s'en rend compte. J'en avais une excellente la semaine dernière. Je la trouvais si bonne qu'après l'avoir retouchée je l'amenai habilement au cours d'un dîner. J'ai oublié comment. Nous parlions de la position de Shakespeare pendant la Réforme et, après avoir fait un commentaire, j'ajoutai aussitôt : « Oh, ça me fait penser ! Il s'est passé une chose très drôle l'autre jour à Whitechapel.

– Ah bon, répondirent les convives. Quoi donc ?

– Oh, c'était terriblement cocasse, dis-je en commençant à pouffer tout seul. Vous allez hurler de rire. » Et je me lançai.

La chute fut accueillie par un silence de mort – en plus, l'histoire était assez longue. Quelqu'un finit par demander : « C'était ça, la blague ? »

Je les assurai que oui et, comme ils étaient polis, ils me crurent sur parole. Tous, à l'exception d'un vieux monsieur assis à l'autre bout de la table, qui voulut savoir sur quoi portait la blague – sur ce qu'*elle* lui avait dit, ou ce qu'*il* lui avait dit. Ce qui fit débat.

Certains tombent dans l'excès inverse. J'ai connu un type dont la tendance naturelle à rire de tout était si forte que celui qui voulait lui parler sérieusement devait le prévenir : ce qu'il s'apprêtait à lui dire ne serait pas amusant. Faute de quoi chaque mot lui causait un accès d'hilarité. Un jour, alors qu'on lui demandait l'heure, je l'ai vu s'arrêter tout net en plein milieu de la chaussée, se taper sur la cuisse et éclater de rire. Si bien que personne n'osait jamais lui dire quoi que ce fût de vraiment drôle. Une bonne plaisanterie l'aurait tué sur place.

Dans le cas présent, j'ai rejeté avec véhémence l'accusation de frivolité et pressé Mme Cutting de me proposer des idées concrètes. Elle s'est perdue dans ses pensées, avant de hasarder : « les modèles de broderie », arguant qu'on n'en parlait plus beaucoup aujourd'hui, alors que c'était très à la mode quand elle était jeune fille.

J'ai décliné la broderie et l'ai suppliée de continuer à se creuser la tête. Elle a réfléchi un long moment, le plateau du thé à la main, et, enfin, m'a suggéré de parler du temps, qui à l'en croire avait été assez désagréable dernièrement.

Et depuis qu'elle m'a lancé cette suggestion idiote, je n'ai pas réussi à me sortir la météo de la tête, ni à rien y faire entrer d'autre.

C'est vrai qu'il fait un temps de cochon, du moins au moment où j'écris. Et s'il ne fait pas mauvais au moment où vous lisez ces lignes, ça ne durera pas.

Nous nous plaignons sans cesse du temps. Le temps, c'est comme le gouvernement : jamais satisfaisant. L'été, on le trouve étouffant ; l'hiver, effroyable ; au printemps et à l'automne, on lui reproche d'être trop comme ci et pas assez comme ça, et on voudrait bien qu'il choisisse son camp. Quand il fait beau, on dit que le pays souffre du manque de pluie ; et quand il pleut, on prie pour qu'il fasse beau. Si décembre passe sans un flocon de neige, nous exigeons de savoir, indignés, ce que sont devenus nos hivers d'antan, comme si nous avions été privés d'une chose achetée et payée ; et quand il se met à neiger, notre langue devient indigne d'une nation chrétienne. Nous ne serons jamais contents tant que chaque homme ne choisira pas sa propre météo et la gardera pour lui.

À défaut, nous préférerions nous en passer purement et simplement.

Je crois pourtant que nous seuls, citadins, nous plaignons par tous les temps. Chez elle, à la campagne, la Nature reste agréable, quelle que soit son humeur. Quoi de plus beau que la neige qui tombe, silencieuse, toute chargée de mystère, drapant de blanc les arbres et les champs comme pour le mariage d'une fée ! Et quel plaisir de se promener quand le sol gelé tinte sous nos pas maladroits, que le sang nous picote dans l'air glacial et raréfié, et que l'aboiement lointain d'un chien de berger et les rires des enfants carillonnent comme des cloches à travers les collines ? Et le patinage ! Voler sur des ailes d'acier en tirant de la glace instable un bruissement musical. Et le printemps, quelle délicatesse ! La Nature dans la fleur de la jeunesse ! Quand les petites feuilles pleines de promesses pointent le bout de leur nez, si fraîches et vertes, pures et éclatantes, comme des vies toutes neuves qui font leur entrée timide dans l'agitation du monde. Quand les fleurs roses et blanches des arbres fruitiers, pareilles à de jeunes villageoises en robe du dimanche, enveloppent les cottages chaulés d'un nuage de fragile splendeur, et que les notes du coucou portées par la brise envahissent les bois !

Et l'été, d'un vert sombre et profond, empli d'un bourdonnement engourdi, lorsque les gouttes de pluie chuchotent leurs lourds secrets aux feuilles à l'écoute et que le crépuscule s'attarde dans les allées ! Et l'automne et sa beauté triste, son éclat doré et la majesté mourante de ses forêts colorées ; ses couchers de soleil rouge sang et ses brumes du soir spectrales, le murmure affairé des moissonneuses et les vergers chargés, l'appel des glaneurs et les fêtes des moissons.

À la campagne, la pluie, la neige fondue et la grêle paraissent dévouées à la Nature, utiles servantes qui s'acquittent seulement de leurs tâches ; et le vent d'est n'est qu'un ami chahuteur quand nous le croisons entre les haies.

Mais en ville, où la peinture des façades en stuc cloque sous le soleil voilé, où la pluie noire de suie se transforme en gadoue, où la neige s'amoncelle en tas sales, où les rafales glacées mugissent en s'engouffrant dans les rues crasseuses et hurlent aux croisements illuminés par des becs de gaz, aucun de ces visages de la Nature ne nous séduit. Le temps, en ville, est semblable à une alouette dans un bureau de comptable : incongru et importun. On devrait mettre les cités sous cloche, les chauffer par des tuyaux d'eau chaude et les éclairer à l'électricité. Le temps est une fille de la campagne, qui, en ville, ne se montre guère à son avantage. Nous adorons badiner avec elle dans une prairie, mais elle nous paraît moins attirante croisée dans Pall Mall. Ici, elle est trop envahissante. Le rire franc et spontané et la voix sonore qui nous plaisaient tant dans la laiterie détonnent dans l'atmosphère artificielle de la cité ; quant à ses manières, elles deviennent très fatigantes.

Elle nous a récemment gratifiés d'une pluie presque incessante pendant environ trois semaines ; et comme dit M. Mantalini, me voici tel un vilain corps tout froid et tout humide.

Notre voisin sort à intervalles réguliers dans le jardin et affirme que ça fait beaucoup de bien au pays – pas qu'il sorte dans le jardin, mais qu'il pleuve autant. Il n'y entend rien, mais depuis l'été dernier, il a aménagé une serre, se prend pour un agriculteur et profère ce genre d'absurdités pour faire croire au reste de la rue qu'il est un fermier à la retraite. J'espère seulement que cette fois il a raison, et que le temps profite à quelqu'un, parce que, à moi, il cause beaucoup de tort. Il gâche aussi bien mes vêtements que ma bonne humeur. Passe encore pour la dernière, dont j'ai une réserve suffisante, mais ça me fait mal de voir mes chers vieux chapeaux et pantalons dépérir, usés et vieillis prématurément, sous les rafales et la neige.

Sans parler de mon nouveau costume de printemps. Un costume magnifique, à présent tellement souillé de boue que sa vue m'est insupportable.

Tout ça par la faute de Jim. Sans lui, je ne serais jamais sorti vêtu de ce costume ce soir-là. J'étais en train de l'essayer quand il est entré. Dès qu'il l'a vu, il a levé les bras en poussant un cri sauvage.

« Est-ce qu'il tombe bien derrière ? lui ai-je demandé.

– Du tonnerre, mon vieux », m'a-t-il répondu. Puis il a voulu savoir si j'avais l'intention de sortir.

J'ai commencé par dire « non », puis je me suis laissé fléchir par son argument : un homme avec un costume pareil n'a pas le droit de rester enfermé. « Chaque citoyen a un devoir envers le public, a-t-il poursuivi. Chacun devrait contribuer au bonheur général dans la mesure de ses possibilités. Venez donc pour régaler les filles. »

Jim est un grand adepte de l'argot. Je ne sais pas où il dégote ses expressions. Pas chez moi, c'est sûr.

« Vous croyez vraiment que ça va leur plaire ? » ai-je insisté. Il m'a répondu que pour elles, ce serait comme une journée à la campagne.

C'est ça qui m'a décidé. La soirée était belle et je suis donc sorti.

À mon retour, je me suis dévêtu et frictionné au whisky, j'ai plongé les pieds dans un bain chaud, posé un sinapisme sur ma poitrine, pris un bol de bouillon et un grog au cognac, je me suis talqué le nez puis mis au lit.

Grâce à ces mesures promptes et vigoureuses, et à une constitution naturellement robuste, j'ai eu la vie sauve ; mais pour ce qui est du costume… Eh bien, pour un costume, c'est plutôt un garde-boue.

J'y étais très attaché. Mais tel est mon triste sort. Il suffit que j'apprécie particulièrement quelque chose en ce monde pour qu'il lui arrive malheur. Quand j'étais petit, j'avais un rat apprivoisé, que j'aimais comme seul un petit garçon sait aimer un vieux campagnol. Un jour, il est tombé dans un grand plat de *fool* aux groseilles qui était en train de refroidir à la cuisine, et personne n'a su ce qu'il était advenu de la pauvre créature avant la seconde tournée du dessert.

Je déteste le temps humide en ville. Du moins n'est-ce pas tant la pluie que la boue qui me gêne. Allez savoir pourquoi, j'exerce sur elle un pouvoir d'attraction irrésistible. Je n'ai qu'à faire deux pas dehors un jour de pluie pour en être à moitié couvert. Voilà ce qu'il en coûte d'être aussi attirant, comme disait la vieille dame frappée par la foudre. Les autres peuvent crapahuter des heures sans récolter la moindre petite tache, tandis qu'il me suffit de traverser la rue pour faire honte à voir (comme ma pauvre et chère maman essayait souvent de me le dire quand j'étais jeune). S'il n'y a qu'une seule traînée de boue dans tout Londres, je suis convaincu de la ravir à tous mes concurrents.

Si seulement je pouvais lui rendre cet amour ! Hélas, je crois la chose impossible. J'ai horreur de ce qu'on appelle le *fog* londonien. Quand il fait gris, je me sens malheureux et oppressé toute la journée, et c'est un soulagement que de me déshabiller et de me mettre au lit pour échapper à tout ça. Par temps humide, rien ne va. Je ne saurais l'expliquer, mais on dirait qu'il y a toujours plus de gens, de chiens, de landaus, de fiacres et de charrettes pour se mettre exprès en travers de votre chemin. Tout le monde est tellement désagréable – à part moi –, ça me rend fou. Et puis, allez savoir pourquoi, je suis toujours plus chargé quand il pleut. Or, quand on porte un sac, trois paquets et un journal et qu'il se met soudain à pleuvoir, on ne peut pas ouvrir son parapluie.

Ce qui me fait penser à un autre épisode météorologique que je ne supporte pas : le temps d'avril (ainsi nommé parce qu'il survient en mai). Les poètes le trouvent très agréable. Comme il varie toutes les cinq minutes, ils le comparent à une femme, et c'est ce qui le rendrait charmant. Personnellement, je ne l'apprécie pas. Ces brusques revirements sont peut-être très séduisants chez une fille. Il est sans doute tout à fait délicieux de fréquenter une personne qui sourit pour rien et pleurniche dans la seconde pour la même raison, qui pouffe avant de bouder, se montre grossière puis affectueuse, grognon puis joyeuse, pleine d'entrain puis silencieuse, passionnée puis froide, puis distante, puis abattue, le tout en l'espace d'une minute (attention, ce n'est pas moi qui le dis, ce sont ces poètes, donc soi-disant des connaisseurs). Mais pour ce qui est du temps, les désagréments qui en découlent sont évidents. Les larmes d'une femme ne mouillent personne, à la différence de la pluie ; et sa froideur ne provoque ni asthme ni rhumatisme, contrairement au vent d'est. Je peux me préparer à une journée entière de mauvais temps et même la supporter, mais ce genre de pot-pourri ne me convient pas le moins du monde. Je m'agace de voir un beau ciel bleu au-dessus de moi quand je suis trempé comme une soupe. Et je trouve fort exaspérante cette façon qu'a le soleil d'apparaître, tout sourire, après une averse, avec l'air de dire : « Bonté divine, vous êtes mouillé, c'est vrai ? Quelle surprise ! Et moi qui voulais seulement m'amuser ! »

En Angleterre, au mois d'avril, on n'a même pas le temps d'ouvrir ou de fermer son parapluie, surtout si c'est un « automate » – je parle du parapluie.

J'ai acheté un « automate » un jour d'avril, qui m'a donné du fil à retordre ! Comme j'avais besoin d'un parapluie, j'entrai dans un magasin du Strand.

« Quel genre de parapluie désirez-vous ? » me demanda-t-on.

Le genre qui me protégerait de la pluie et ne se laisserait pas oublier dans le train, expliquai-je.

« Essayez un "automate", me dit le vendeur.

– Qu'est-ce qu'un "automate" ?

– Oh, c'est un mécanisme magnifique, répondit l'homme avec une pointe d'enthousiasme. Il s'ouvre et se ferme tout seul. »

Après achat, je mesurai à quel point le vendeur avait raison. Pour ce qui est de s'ouvrir et de se fermer tout seul, ce parapluie s'y employait à merveille, sans que j'aie le moindre pouvoir sur lui. Quand il se mettait à pleuvoir, c'est-à-dire toutes les cinq minutes en cette saison, il refusait de bouger ; je bataillais alors contre le fichu machin, le secouais, l'injuriais. Pendant ce temps, la pluie, elle, tombait à torrent. Puis à l'instant où elle cessait, cette chose ridicule s'ouvrait d'un coup. Plus moyen de la refermer. Et je me retrouvais obligé de marcher sous un ciel bleu éclatant, un parapluie au-dessus de la tête, en espérant qu'il se remît vite à pleuvoir, ce qui m'eût évité de passer pour un fou.

Lorsqu'il finissait par se refermer, c'était sans crier gare et en faisant voler mon chapeau.

J'ignore pourquoi, mais les faits sont têtus : un homme n'a jamais l'air plus ridicule que lorsqu'il perd son chapeau. Le sentiment d'impuissance douloureuse qui le saisit au moment où il se rend compte qu'il a la tête nue figure parmi les pires tortures qui sont le legs de la chair. Puis vient la course folle dans laquelle vous vous engagez pour le rattraper, à laquelle se joint un petit chien joueur, et durant laquelle vous pouvez être sûr de bousculer trois ou quatre enfants innocents (sans parler de leur mère), de projeter un monsieur corpulent contre un landau et d'envoyer valser un pensionnat de jeunes filles dans les bras mouillés d'un ramoneur.

Après ça, le rire idiot des spectateurs et l'état déplorable du chapeau enfin récupéré paraissent de peu d'importance.

Tout compte fait, entre les vents de mars, les averses d'avril et les fleurs absentes de mai, le printemps, en ville, n'est pas un succès. Il est parfait à la campagne, comme je l'ai dit, mais dans les cités de plus de dix mille habitants, il faudrait l'abolir. Dans les tristes ateliers du monde, il n'a pas plus sa place qu'un enfant. Aucun des deux n'est à son avantage dans la poussière et le vacarme. C'est si triste de voir des gamins noirs de crasse essayer de jouer dans les cours bruyantes et les rues boueuses ! Ces pauvres petits atomes humains, non désirés et délaissés, ne ressemblent pas à des enfants. Les enfants ont les yeux qui brillent, les joues rebondies, ils sont timides. Ceux-là sont de pitoyables elfes à la voix stridente, aux petits visages flétris et fanés, au rire fêlé et rauque.

Le printemps de la vie et le printemps de l'année, la Nature devrait les bercer tous deux dans ses bras verts. En ville, le printemps ne nous apporte que ses vents froids et sa bruine. Pour sentir son souffle joyeux et entendre ses voix silencieuses, il faut aller le chercher au milieu des bois dénudés et des allées de ronces, sur les landes couvertes de fougères et les grandes collines immobiles : c'est là qu'il révèle sa merveilleuse fraîcheur. Les nuages pressés, l'espace monotone, le vent impétueux et l'air vif et pur réveillent en nous des énergies et des espoirs vagues. La vie, comme le paysage qui nous entoure, nous paraît plus grande, plus vaste et plus libre – une route aux couleurs de l'arc-en-ciel qui nous emporte vers l'inconnu. Par les déchirures argentées qui strient le ciel, on croit apercevoir la grandeur et l'espérance que recèle ce petit monde palpitant, et le vent violent de mars nous apporte une bouffée de son parfum.

Des idées étranges, incompréhensibles, agitent nos cœurs. Des voix nous enjoignent à l'effort, à la création d'une œuvre puissante. Mais leur sens nous échappe encore, et les échos cachés en nous qui voudraient leur répondre demeurent inarticulés et muets.

Pareils à des enfants, nous tendons les mains vers la lumière pour tenter de saisir je ne sais quoi. Nos pensées, semblables à celles des garçons dans la chanson lapone, sont infinies et très vagues ; nous n'en voyons pas le bout.

Il doit en être ainsi. Toutes les pensées qui dépassent ce monde étroit ne peuvent qu'être imprécises et informes. Celles qui nous sont accessibles sont minuscules : deux et deux font quatre, il faut manger quand on a faim, l'honnêteté est la meilleure des politiques. Les pensées supérieures sont indéfinies et trop immenses pour nos pauvres cerveaux enfantins. Nous ne distinguons pas grand-chose à travers les brumes qui tourbillonnent autour de notre îlot de vie borné par le temps, et du grand océan, au-delà, nous ne distinguons que le grondement.

DES CHATS
ET DES CHIENS

SI VOUS SAVIEZ comme ils m'en ont fait voir, ce matin ! Tout a commencé avec Gustavus Adolphus. Gustavus Adolphus (« Gusty » pour les intimes) est un très bon chien, pour peu qu'il coure au milieu d'un grand champ ou d'un parc suffisamment vaste. À la maison, c'est une autre affaire. Il est plein de louables intentions, mais l'espace n'est pas à sa taille. Qu'il s'étire, et voilà deux chaises et une étagère par terre. Il remue la queue, et la pièce paraît avoir été dévastée par une armée en campagne. Il respire, et le feu de la cheminée s'éteint.

Au cours du dîner, il se glisse sous la table, où il reste couché un moment, puis soudain se lève. C'est la table qui nous alerte, apparemment animée d'un désir de faire des culbutes, à un point tel que nous l'agrippons de toutes nos forces pour tenter de la maintenir en position horizontale. Le chien, qui se croit victime d'un effroyable complot, panique et se démène de plus en plus, et au dernier acte, on retrouve en général une table renversée et un dîner pulvérisé entre deux couches d'hommes et de femmes fous de rage.

Ce matin, après être rentré à son ordinaire, qui est calqué sur un cyclone américain, il a balayé d'un coup de queue ma tasse de café, dont le contenu a aspergé mon gilet.

Je me suis levé d'un bond et, m'exclamant « … », j'ai foncé droit sur lui. Il est arrivé à la porte avant moi. Là, il a croisé Eliza, qui entrait avec des œufs. Eliza a lâché un « Ah ! » et s'est retrouvée par terre, au milieu des œufs qui ont commencé à se répandre sur le tapis. Gustavus Adolphus a quitté la pièce. Criant après lui, je lui ai fortement conseillé de filer au rez-de-chaussée et de ne pas reparaître devant moi pendant au moins une heure ; apparemment d'accord, il a esquivé la pelle à charbon avant de disparaître. Quant à moi, je me suis séché et j'ai fini mon petit déjeuner. J'étais sûr qu'il était parti dans la cour, mais quand j'ai jeté un coup d'œil dans le couloir dix minutes plus tard, je l'ai trouvé en haut de l'escalier. Comme je lui ordonnais de descendre sur-le-champ, il s'est contenté d'aboyer et de faire des bonds, de sorte que je suis allé voir de quoi il retournait.

C'était Tittums. Assise sur l'avant-dernière marche, elle refusait de le laisser passer.

Tittums, notre chaton, a à peu près la taille d'un petit pain. Elle faisait le gros dos et jurait comme un carabin.

Elle jure de manière épouvantable. Si parfois il m'arrive, à moi aussi, de me laisser aller, je ne suis qu'un amateur à côté d'elle. Pour vous dire la vérité (attention, cela reste entre nous, je ne voudrais pas que votre épouse apprenne que j'ai dit ça), les femmes ne comprennent pas ces choses-là ; mais de vous à moi, je crois qu'un homme a besoin de jurer. C'est la soupape de sécurité sans laquelle la mauvaise humeur pourrait gravement endommager sa mécanique mentale et par où elle s'échappe en vapeur inoffensive. Quand un homme a dit : « Je vous en prie, très cher monsieur. Le soleil, la lune et les étoiles vous ont-ils rendu si négligent (passez-moi l'expression) que vous laissiez votre pied léger et délicat tomber avec une telle force sur mon cor ? Est-ce parce que vous êtes physiquement incapable de savoir dans quelle direction vous allez ? Vous, un jeune homme si charmant et sensé… oui, vous ! » ou des mots équivalents, il se sent mieux. Le juron, comme chacun sait, apaise aussi bien nos accès de rage que le fait le bris d'un objet ou le claquement d'une porte, avec ceci d'avantageux qu'il coûte beaucoup moins cher. Jurer nettoie un homme comme un peu de poudre à canon dégage la cheminée de la buanderie : une explosion de temps en temps est bénéfique aux deux. J'ai tendance à me méfier d'un homme qui ne jure jamais, n'envoie jamais valser un tabouret d'un bon coup de pied, ou ne tisonne jamais le feu avec une violence inutile. Sans exutoire, la colère causée par les soucis incessants de la vie risque de suppurer à l'intérieur. Les menues contrariétés, faute d'être évacuées, s'installent à côté de nous et nous harcèlent peu à peu ; on remâche la petite vexation qui, dans la terre chaude de la rumination, se transforme en grave injure, à l'ombre toxique de laquelle poussent la haine et la vengeance.

Jurer soulage les émotions – ça sert même à ça. Je l'ai expliqué un jour à ma tante, qui en est restée de marbre. Elle m'a répondu que je n'avais pas à entretenir ce genre d'émotions.

J'ai répété cet argument à Tittums. Je lui ai dit qu'elle aurait dû avoir honte, elle, une chatte élevée dans une famille chrétienne. Je veux bien entendre jurer un vieux matou, mais pas un chaton. C'est triste chez quelqu'un de si jeune.

Fourrant Tittums dans ma poche, je suis retourné à mon bureau et n'y ai plus pensé, jusqu'au moment où je me suis aperçu qu'elle avait réussi à grimper sur la table et tentait d'avaler la plume de mon écritoire. Puis elle a mis les pattes dans l'encrier, l'a renversé et s'est léché la patte, avant de lancer une nouvelle bordée de jurons, dont j'étais cette fois-ci la cible.

Je l'ai posée par terre, où Tim s'est mis à la réprimander. Franchement, celui-là, j'aimerais mieux qu'il s'occupe de ses affaires. Les bêtises de cette chatte ne le regardent pas. D'autant qu'il n'est pas un petit saint non plus. C'est un fox-terrier de deux ans, qui se mêle de tout et se donne des grands airs de vénérable collie.

La mère de Tittums est entrée, et Tim s'est fait griffer la truffe – bien fait pour lui. Je les ai éjectés tous les trois dans le couloir, où ils sont actuellement en train de se battre. Il y a de l'encre partout, et je suis dans une colère noire. Si le moindre chat ou chien s'avise encore de me casser les pieds ce matin, je lui conseille de venir accompagné de son fossoyeur.

En général, j'aime beaucoup les chats et les chiens. Ce sont des gens formidables ! Et des compagnons tellement supérieurs aux êtres humains. Ils ne vous critiquent pas et ne vous cherchent pas des noises. Ne parlent jamais d'eux-mêmes, mais vous écoutent parler de vous et donnent même l'impression de s'intéresser à la conversation. Ne débitent jamais de commentaires idiots. Ne parleraient jamais à Mlle Brown, au cours d'un dîner, du béguin qu'ils lui prêtaient pour M. Jones (lequel vient juste d'épouser Mlle Robinson). Ils ne prennent pas non plus le cousin de votre épouse pour son mari en s'imaginant que vous êtes le beau-père. Et ils ne demandent jamais à un jeune auteur qui renferme dans ses tiroirs quatorze tragédies, seize comédies, sept farces et deux vaudevilles pourquoi diable il n'écrit pas une pièce de théâtre.

Ils ne tiennent jamais de propos désagréables, ne soulignent jamais nos défauts, « pour notre bien ». Ils ne nous rappellent pas nos folies et nos erreurs passées aux moments les plus inopportuns ; ils ne déclarent pas d'un ton sarcastique : « Oh, oui, tu seras très utile, si un jour on a vraiment besoin de toi ! » Ils ne nous informent pas, comme le font parfois nos *inamoratas*, que nous ne sommes plus aussi gentils qu'autrefois. À leurs yeux, nous n'avons pas changé.

Toujours contents de nous voir, ils sont au diapason de nos humeurs : joyeux quand nous sommes contents, graves quand nous sommes sérieux, tristes quand nous sommes dans la peine.

« Hello ! En forme et paré pour l'aventure ? D'accord, je suis ton homme. Tu vois comme je cabriole autour de toi ? Je bondis, j'aboie, je pirouette, prêt à m'amuser et à faire des bêtises. Regarde-moi dans les yeux si tu en doutes. Qu'est-ce qu'on fait ? Des gambades dans le salon et tant pis pour les meubles ? Une balade au grand air ? On va courir dans les champs et dévaler la colline, et les oies du vieux Gaffer Goggle n'auront qu'à bien se tenir. Allez, en route ! »

À moins que vous ne préfériez être au calme pour réfléchir ? Fort bien. Minet s'assoit sur le bras du fauteuil et ronronne, tandis que Montmorency se couche en rond sur le tapis, devant le feu, en gardant un œil sur vous, au cas où vous seriez saisi du désir de chasser quelques rats.

Et quand nous nous prenons la tête dans les mains en regrettant d'être venus au monde, ils ne restent pas assis très droits en faisant observer que nous l'avons bien cherché. Ils n'espèrent même pas que ça nous serve d'avertissement. Non, ils s'avancent doucement et nichent la tête contre nous. Si c'est un chat, il grimpe sur notre épaule, nous ébouriffe les cheveux et dit : « Mon Dieu, je suis désolé pour toi, mon vieux », aussi clairement qu'avec des mots. Et si c'est un chien, il lève vers nous ses grands yeux sincères et leur fait dire : « Bon, moi, je suis toujours là. Nous traverserons le monde ensemble et nous nous soutiendrons toujours, pas vrai ? »

Il est très imprudent, le chien. Il ne prend jamais la peine de savoir si vous avez tort ou raison, se moque que vous montiez ou descendiez l'échelle de la vie, ne demande jamais si vous êtes riche ou pauvre, sage ou fou, saint ou pécheur. Vous êtes son copain. Ça lui suffit.

Même en cas de coup dur, si la honte s'abat sur vous, ou bien le déshonneur, il restera là à vous réconforter et à vous protéger. Il donnera même sa vie pour vous si nécessaire – cet imbécile de chien, sans cervelle et sans âme !

Ah ! vieil ami dévoué, aux yeux limpides et profonds, au regard vif et brillant, qui comprends tout ce qu'on a à dire avant même qu'on ait le temps de parler, sais-tu que tu n'es qu'un animal dépourvu d'esprit ? Que le rustre aux yeux vitreux et imbibé de gin, appuyé contre le poteau là-bas, est immensément plus intelligent que toi ? Que tous les petits voyous bornés et égoïstes qui vivent de combines et d'escroqueries, qui sont incapables d'une bonne action ou d'un mot aimable, qui n'ont eu que des pensées basses et des désirs indignes, dont chaque geste est malhonnête, chaque parole un mensonge – sais-tu que ces individus rampants et sournois (et ils sont des millions en ce bas monde) te sont tous supérieurs, comme le soleil est supérieur au brûle-jonc, toi la brute généreuse, honorable et courageuse ? Ce sont des HOMMES, vois-tu, et les hommes sont les êtres les plus grands, les plus nobles et les plus sages du vaste univers éternel. N'importe quel homme te le dira.

Oui, mon pauvre toutou, tu es stupide, vraiment stupide, comparé à nous, les hommes intelligents, qui comprenons toute la philosophie et toute la politique ; qui savons tout, à part ce que nous sommes, d'où nous venons et où nous allons ; qui connaissons tout, à part ce qu'il y a au-delà de ce petit monde et de la plupart des choses qu'il renferme.

Mais qu'importe votre idiotie, toutous et matous, nous ne vous en aimons que davantage. Nous raffolons tous de choses stupides. Les hommes ne supportent pas les femmes intelligentes, et l'homme idéal, pour une femme, est celui qu'elle peut appeler son « cher vieux fou ». C'est tellement agréable de rencontrer des gens plus bêtes que soi. Ils nous plaisent tout de suite. Le monde est sans pitié pour les personnes intelligentes. Les autres les trouvent antipathiques, et elles se détestent cordialement entre elles.

Enfin, elles constituent une minorité tellement insignifiante qu'on se fiche qu'elles soient malheureuses. Tant que les imbéciles seront à leur aise, le monde, pris dans son ensemble, se portera comme il faut.

Les chats ont le mérite d'avoir plus de sagesse pratique que les chiens : ils savent mieux veiller à leurs propres intérêts, sans se dévouer aveuglément à ceux de leurs amis. D'ailleurs, un tel égoïsme nous choque, nous, hommes et femmes. Convenons que les chats préfèrent la famille qui a un tapis dans sa cuisine à celle qui n'en a pas, et que dans une maison pleine d'enfants ils iront plutôt passer leur temps libre chez le voisin. Mais, de manière générale, les chats sont diffamés. Si vous vous liez d'amitié avec l'un d'eux, il restera à vos côtés quoi qu'il arrive. Tous les chats que j'ai eus se sont révélés bons camarades. J'ai eu une chatte, une fois, qui me suivait partout, au point que, gêné, je devais parfois la supplier de ne pas m'escorter plus bas dans la grand-rue. Elle restait à m'attendre quand je rentrais tard le soir et venait m'accueillir dans le couloir. J'avais presque l'impression d'être marié, à cette différence près qu'elle ne m'a jamais demandé où j'étais allé pour aussitôt après douter de ma réponse.

J'en ai eu un autre qui chaque jour se soûlait. Des heures durant, il rôdait devant la porte de la cave, attendant la première occasion de s'y faufiler pour laper quelques gouttes de bière échappées du tonneau. Loin de moi l'idée de mettre cette mauvaise habitude au crédit de son espèce. Je la mentionne simplement pour montrer que certains de ses représentants sont presque humains. Si la transmigration des âmes existe, cet animal-là avait toutes les qualités pour se réincarner en chrétien, car son amour de la boisson n'avait d'égale que sa vanité. Chaque fois qu'il attrapait un rat particulièrement gros, il le rapportait dans la pièce où nous étions tous assemblés, déposait le cadavre à nos pieds et attendait des félicitations. Mon Dieu ! les filles poussaient de ces cris !

Les pauvres rats ! Ils ont uniquement été créés, semble-t-il, afin que chats et chiens se vantent de les tuer et afin que les chimistes tirent fortune des poisons qu'ils mettent au point pour les exterminer. Ils ont pourtant un côté fascinant ; un halo de mystère et d'occulte les entoure. Ils sont si rusés et si forts, si redoutables par leur nombre, si cruels, si secrets. Ils grouillent dans les maisons abandonnées, où les montants pourris des fenêtres cassées pendent des murs décrépits et où les portes grincent sur leurs gonds rouillés. Ils sentent le navire couler et le quittent, sans que personne sache comment ni où ils fuient. Tapis dans leurs cachettes, ils murmurent que la ruine va frapper la demeure et que le nom illustre s'apprête à tomber dans l'oubli. Et ils poursuivent leurs œuvres immondes dans les charniers lugubres.

Il n'est pas de roman d'épouvante qui ne leur fasse une place de choix. Dans les histoires de fantômes et de meurtres, ils cavalent à travers des pièces silencieuses, leurs dents crissent derrière les lambris, leurs yeux luisent par les trous d'une tapisserie usée jusqu'à la corde et leurs cris aigus et sinistres déchirent la nuit, pendant que le vent, mugissant et balayant des tourelles en ruine, traverse dans un hurlement de femme des chambres vides et désertées.

Au fond de leur cachot répugnant, en apercevant leurs petits yeux rouges qui brillent comme des charbons ardents au milieu de l'horrible obscurité, en entendant la course de leur pattes griffues dans le silence mortel, les prisonniers à l'agonie se mettent à hurler dans le noir et restent aux aguets pendant toute la nuit funeste.

J'adore lire des histoires de rats. Elles me donnent la chair de poule. La légende de l'évêque Hatto me plaît beaucoup. Ce cruel évêque refusait de laisser le peuple affamé toucher au blé qu'il avait entreposé en très grande quantité dans ses greniers. Quand ses ouailles le supplièrent de leur donner à manger, il les rassembla dans sa grange, referma la porte, y mit le feu et les brûla jusqu'à la dernière. Mais le lendemain arrivèrent pour le punir des milliers et des milliers de rats. L'évêque Hatto s'enfuit et alla se réfugier dans sa tour fortifiée au milieu du Rhin, s'y barricada et se crut en sécurité. Mais les rats traversèrent le fleuve, grignotèrent les murs épais pour entrer et le dévorèrent vivant.

> Ayant aiguisé leurs dents sur les pierres,
> De l'évêque ils dévorent la chair ;
> Et tous ses os ils rongent à blanc,
> Pour accomplir le châtiment.

Oh, voilà une charmante histoire.

Il y a aussi celle du joueur de flûte de Hamelin, qui parvint, au son de son instrument, à débarrasser la ville des rats dont elle était infestée. Le maire se contentant de le payer de paroles, le flûtiste attira tous les enfants dans son sillage et les emmena dans la montagne. Quelle curieuse légende ! Je me demande ce qu'elle peut bien vouloir dire… A-t-elle seulement une signification ? Ses rimes ondoyantes paraissent receler un sens étrange et profond. Elle me hante, cette image du vieux musicien, pittoresque et mystérieux, qui souffle dans sa flûte en parcourant les rues étroites de Hamelin, suivi par les enfants qui dansent, le visage plein de ferveur. Les vieux tentent bien de les arrêter, mais les gamins ne leur prêtent pas la moindre attention. Dès que cette musique ensorcelante leur parvient, ils ne peuvent que la suivre. Ils interrompent leurs jeux et laissent tomber leurs jouets. Ils ignorent vers où ils se hâtent. Cette musique mystique les appelle et ils la suivent, insouciants et inconscients. Elle résonne dans leur cœur et étouffe les autres bruits. Et c'est ainsi que, descendant la rue, ils s'éloignent de Hamelin.

Je me demande parfois si le joueur de flûte est mort, s'il ne continue pas son errance dans nos rues et nos ruelles, jouant si doucement que seuls les enfants l'entendent. Pourquoi leurs petits visages semblent-ils si sérieux et si graves chaque fois qu'ils s'arrêtent soudain de gambader et se figent, profondément absorbés, les yeux écarquillés ? Si on les interroge, ils se contentent de secouer leur tête bouclée avant de filer en riant retrouver leurs camarades. Mais je crois quant à moi que, dans ces moments-là, ils écoutent la musique magique du vieux joueur de flûte, et qu'ils l'ont peut-être même aperçu, ce personnage fantastique, dans le tourbillon de la foule.

Nous aussi, grands enfants, nous entendons quelquefois le son de sa flûte, même si les notes sont nostalgiques et lointaines, et que l'irréelle mélodie se noie sous le vacarme du monde. Un jour, ces accords doux et tristes résonneront haut et clair, et alors nous aussi, à l'image des petits enfants, nous jetterons nos jouets pour les suivre. Les mains de ceux qui nous aiment se tendront pour nous retenir, et les voix familières nous crieront de nous arrêter. Mais nous repousserons doucement les bras aimés et nous traverserons la maison secouée de sanglots pour en passer la porte. C'est que la musique étrange et sauvage tintera en nos cœurs, et que le sens de la chanson nous aura été révélé.

J'aimerais que les gens puissent aimer les animaux sans tomber, comme souvent, dans la sensiblerie. À cet égard, les femmes sont les pires exemples à suivre, même s'il nous arrive à nous aussi, représentants du sexe intellectuel, de rendre nos animaux détestables par excès d'idolâtrie. Je pense à ces exubérantes jeunes femmes qui, après avoir lu *David Copperfield*, se dénichent l'un de ces petits chiens à poils longs entre deux races, agaçants par cette manie qu'ils ont d'inspecter le pantalon des messieurs, avant d'exprimer par un reniflement le mépris et le dégoût qu'ils leur inspirent. Elles parlent à l'animal dans ce doux babil féminin (dès que quelqu'un approche), lui embrassent la truffe et frottent sa tête sale contre leur joue d'une manière des plus touchantes ; même si j'ai remarqué qu'elles prodiguaient de telles caresses précisément au moment où des jeunes gens passaient dans les parages.

Je pense aussi aux vieilles dames qui adorent leur gros caniche asthmatique et plein de puces. J'ai connu un couple de vieilles filles qui possédaient une espèce de saucisse sur pattes qu'elles appelaient entre elles un chien. Tous les matins, elles lui débarbouillaient le museau à l'eau chaude, lui servaient régulièrement une côtelette de mouton au petit déjeuner, et le dimanche, quand l'une de ces dames allait à l'église, la seconde restait toujours à la maison pour lui tenir compagnie.

Dans beaucoup de familles, toute la vie tourne autour du chien. Les chats, soit dit en passant, souffrent rarement d'un excès d'adulation. Doués d'un grand sens du ridicule, ils refuseront poliment mais fermement toute absurdité de ce genre. Les chiens, eux, adorent ça, et encouragent leur maître dans leur folie. En conséquence de quoi, dans les cercles dont je parle, ce que le « cher Fido » a fait, fait, fera, ne fera pas, peut faire, ne peut pas faire, faisait, est en train de faire, va faire, ne va pas faire et est sur le point d'avoir fait, constitue le seul et unique sujet de conversation du matin au soir.

Toutes les discussions, qui atteignent des sommets d'imbécillité, concernent ce maudit animal. La famille passe la journée assise en rang d'oignon à le regarder et à commenter ses faits et gestes. On échange des anecdotes à son sujet, on énumère ses qualités et on se souvient avec des trémolos dans la voix du jour où il disparut deux heures entières, avant d'être ramené de manière franchement brutale par le garçon boucher, qu'on avait surpris en train de le tirer par la peau du cou d'une main et de lui taper sur la tête de l'autre.

Une fois qu'ils sont remis de ces cruels souvenirs, c'est à qui témoignera le plus d'admiration à la bête, jusqu'au moment où l'un des membres de la famille, incapable de contrôler ses sentiments plus longtemps, se jette sur le malheureux quadrupède dans un grand débordement d'affection et le serre contre son cœur en lui bavant dessus. Malades de jalousie, les autres se lèvent alors et, tentant d'atteindre une partie de l'animal que l'avidité du premier aura épargnée, chantent ses louanges et lui susurrent des mots tendres.

Chez ces gens-là, tout passe par le chien. Si vous voulez séduire la fille aînée, convaincre le père de vous prêter son rouleau à gazon ou la mère d'adhérer à l'association pour l'interdiction du cornet solo dans les orchestres de théâtre (il est regrettable qu'il n'en existe pas, d'ailleurs), vous devez d'abord vous adresser au chien. Sans son approbation, ils ne consentiront pas même à vous écouter. Et si, comme il est hautement probable, l'animal, dont la bonne nature canine a été dévoyée par le traitement pervers qu'il a reçu, répond à vos avances amicales en essayant de vous mordre sauvagement, votre cause est à jamais perdue.

« Si Fido prend quelqu'un en grippe, avait précédemment fait remarquer le père d'un air pénétré, c'est qu'on ne peut pas faire confiance à cette personne. Je l'ai toujours dit, n'est-ce pas, Maria ? Ah ! il a du flair, l'animal. »

Sale bête !

Et dire que cette brute hargneuse était autrefois un chiot innocent, une touffe de poils sur pattes, folâtre et joueur, brûlant d'ambition de devenir un gros et bon chien et d'aboyer comme maman.

Ah, mon Dieu, la vie nous change tous, hélas ! Le monde ressemble à une monstrueuse broyeuse : on enfourne d'un côté ce qui est frais, joyeux et pur, et ça ressort vieux, grognon et ridé de l'autre.

Voyez Minou l'Austère, au regard maussade et endormi, à la démarche lente et mesurée, aux airs dignes et pudibonds ; qui pourrait imaginer qu'il était autrefois ce petit feu d'artifice aux yeux bleus, tourbillonnant et folâtrant, que l'on appelle un chaton ?

Les chatons possèdent une vitalité merveilleuse. C'est si beau de voir la vie bouillonner dans ces petites créatures. Elles courent partout, miaulent et bondissent, dansent sur leurs pattes arrière et embrassent tout avec celles de devant, se roulent sur elles-mêmes, se couchent sur le dos en moulinant l'air. Elles débordent tellement de vie qu'elles ne savent que faire d'elles-mêmes.

Vous souvenez-vous, lecteur, du temps où vous et moi ressentions la même chose ? Vous souvenez-vous de ces jours glorieux d'adolescence toute neuve – quand, en rentrant à la lueur de la lune, nous nous sentions trop pleins de vie pour simplement marcher : il nous fallait gambader et glisser, agiter les bras et crier, si bien que les fermières encore dehors nous prenaient (à raison) pour des fous ; elles rasaient les haies avant de déguerpir à toutes jambes quand, tordus de rire, nous nous arrêtions pour leur lancer un au revoir tonitruant et leur faire peur. Puis nous fondions en larmes, sans savoir pourquoi. Oh, cette merveilleuse jeune VIE ! qui nous couronnait rois de la terre ; qui irriguait nos veines palpitantes jusqu'à nous donner l'impression de flotter dans l'air ; qui enflammait notre esprit effervescent et nous enjoignait de partir à la conquête du monde ; qui emplissait notre jeune cœur et nous donnait l'envie d'ouvrir les bras afin d'y accueillir tous les hommes et toutes les femmes à la peine, ainsi que tous les petits enfants, et de les aimer tous sans exception. Ah, tels étaient ces jours grandioses, des jours pleins et profonds, où notre vie à venir, tel un orgue invisible, faisait carillonner à nos oreilles une musique étrange et prometteuse, et où notre sang tout neuf trépignait comme un destrier avant la bataille. Ah, comme notre pouls bat lentement et régulièrement aujourd'hui ! Nos vieilles articulations sont déformées par les rhumatismes, nous apprécions un bon fauteuil et notre pipe, et nous nous moquons de l'enthousiasme des jeunes gens. Mais que ne donnerions-nous pour retrouver, ne serait-ce qu'un bref moment, cette vie où nous étions comme des dieux !

DE
LA TIMIDITÉ

TOUS les grands hommes de lettres sont timides. Je le suis moi aussi, même si je le cache bien, paraît-il.

Tant mieux. Extrêmement voyante à une époque, ma timidité me fit beaucoup de mal et causa beaucoup de gêne à mon entourage – mes amies, en particulier, s'en plaignaient amèrement.

Le sort du timide est loin d'être enviable. Les hommes le détestent, les femmes le méprisent, et lui-même se déteste et se méprise tout à la fois. Il ne s'y fait pas, et rien ne peut l'en guérir, sinon le temps. Un jour, je tombai pourtant sur une délicieuse recette pour surmonter cette infortune. Elle figurait dans la « réponse au courrier des lecteurs » d'un petit hebdomadaire et disait ceci – je ne l'ai jamais oubliée : « Adoptez des manières avenantes et décontractées, en particulier avec les dames. »

Pauvre timide ! J'imagine le sourire qu'il eut à la lecture de ce conseil. « Adoptez des manières avenantes et décontractées, en particulier avec les dames ! », vraiment ? N'adoptez surtout rien de tel, mon cher jeune ami. Si vous tentez d'afficher une autre disposition que la vôtre, votre exubérance paraîtra ridicule et votre familiarité choquante. Restez plutôt vous-même et l'on vous trouvera seulement grincheux et sot.

Du moins le timide prend-il une petite revanche sur la société qui lui inflige de telles tortures, puisqu'il réussit, dans une certaine mesure, à transmettre son malaise. Il effraie les gens autant qu'eux-mêmes l'effraient, et fait peser un air lourd sur la pièce entière : en sa présence, même les esprits joviaux deviennent déprimés et nerveux.

Tout cela ressort largement d'un malentendu. Nombreux sont ceux qui prennent la timidité pour de l'arrogance. Face à elle, ils se sentent impressionnés et insultés. La gaucherie du timide passe pour de la désinvolture ou de l'insolence, et quand, saisi de terreur au premier mot qu'on lui adresse, le sang lui monte à la tête et qu'il perd l'usage de la parole, on voit en lui l'illustration terrible des effets néfastes d'une passion à laquelle on ne sait résister.

Le timide est perpétuellement incompris, c'est là son triste lot. Quelle que soit l'impression qu'il veuille donner, il produit l'effet inverse. Lorsqu'il raconte une histoire drôle, on croit qu'il est en train de recenser un fait réel et on le critique pour son manque de véracité. Son sarcasme est pris au pied de la lettre, ce qui lui vaut une réputation d'idiot, tandis que s'il se laisse aller à une légère flatterie pour tâcher de se faire bien voir, on s'imagine qu'il se moque et on lui voue alors une haine éternelle.

Ce genre de soucis et tous les autres qui pèsent sur le timide ont toujours amusé la galerie et fourni la matière à des écrits comiques depuis des temps immémoriaux. Mais en creusant un peu, on distingue une ombre pathétique, quasi tragique, à ce tableau. Un homme timide est un homme seul – sans amis ni relations. Il évolue dans le monde, mais n'y trouve pas sa place. Une barrière infranchissable se dresse toujours entre lui et ses congénères, un mur solidement construit et invisible sur lequel il s'écorche en essayant en vain de l'escalader. Il voit les charmants visages et entend les charmantes voix de l'autre côté, mais pas moyen de tendre la main pour saisir celle d'un autre. Il reste là à regarder les groupes joyeux, il voudrait leur parler et leur dire qu'il est comme eux, mais il les voit, papotant gaiement, passer devant lui sans parvenir à les retenir. S'il tente de les rejoindre, les murs de sa prison se déplacent avec lui et l'encerclent de toute part. Dans la rue encombrée, dans la pièce bondée, dans la routine du travail et le tourbillon du plaisir, au milieu de la foule ou en petit comité, partout où l'on se rassemble, où la parole humaine résonne comme une musique et où la pensée brille dans les yeux des hommes, le timide, ignoré et solitaire, reste à l'écart, tel un lépreux. Son âme est pleine d'amour et de désir, mais personne ne le sait. Caché sous le masque de fer de la timidité, cet homme demeure invisible, et les paroles affables tout comme les compliments chaleureux qui lui montent sans cesse aux lèvres se meurent en murmures inaudibles. Son cœur se serre devant son frère en peine, mais sa sympathie est muette. Le dégoût et l'indignation que lui inspire l'injustice le prennent à la gorge, mais faute de pouvoir s'exprimer en déclarations passionnées, ils se retournent contre lui et le blessent. Toute la haine, le mépris et l'amour profonds qu'il conçoit, au lieu de s'extérioriser, suppurent et pourrissent à l'intérieur et le transforment en un être cynique et misanthrope.

Oui, en ce monde, les hommes timides, comme les femmes laides, ont la vie dure ; pour s'y mouvoir à l'aise, il leur faudrait une peau de rhinocéros. Le cuir épais est un costume moral sans lequel il est inconvenant de se montrer en société. Une pauvre créature rougissante et balbutiante, aux genoux tremblants et aux mains agitées, offre un spectacle pénible pour tout le monde. Si elle n'est pas capable de se soigner, qu'elle aille se pendre, et le plus vite sera le mieux.

Un tel mal, pourtant, se soigne, je l'affirme d'expérience pour réconforter les timides. Je n'aime pas parler de moi, vous l'avez peut-être remarqué, mais je vais le faire pour la bonne cause et avouer que je fus autrefois, tel le jeune homme de la chanson, « d'une timidité maladive » et que « chaque fois qu'on me présentait une jolie jeune fille, mes genoux s'entrechoquaient comme si j'avais peur ». C'est ce qui m'est… non, c'est ce qui me serait arrivé il y a deux jours, si je n'avais su réagir. Seul et uniquement par moi-même (comme dirait l'écolier traduisant *La Guerre des Gaules*), j'ai affronté une jeune employée de la buvette de la gare dans son repaire. Après l'avoir réprimandée, d'un ton chagrin et amer, pour sa rudesse et son manque d'amabilité, j'ai insisté, courtoisement mais fermement, pour obtenir la déférence et l'attention auxquelles est en droit de prétendre tout voyageur britannique. À la fin, je l'ai regardée droit dans les yeux. Ai-je besoin d'en dire davantage ?

Certes, aussitôt après, j'ai quitté la buvette avec ce qui a pu ressembler à de la précipitation et sans attendre mon rafraîchissement. Mais parce que j'avais changé d'avis, bien sûr, non pas par peur, vous comprenez.

Que les timides se consolent en se disant que la timidité n'est absolument pas une marque de stupidité. Les rustres bornés ont beau jeu de se moquer des nerveux, mais les natures les plus élevées ne sont pas forcément les plus endurcies. Le cheval n'est pas inférieur à l'hirondelle mâle, ni le chevreuil au cochon. La timidité est seulement la marque d'une extrême sensibilité, tout à fait étrangère à la maladresse ou à la suffisance, même si les philosophes à la petite semaine insistent en permanence sur leur parenté.

La suffisance est même le remède le plus expéditif pour s'en guérir. Dès que vous commencez à prendre conscience que vous êtes beaucoup plus intelligent que tout le monde, la pudeur, choquée, vous abandonne. Quand vous contemplez une assemblée avec l'assurance que toutes les personnes présentes ne sont, intellectuellement parlant, que des enfants par rapport à vous, elles ne vous intimident pas plus qu'une compagnie choisie de pies bavardes et d'orangs-outans.

La suffisance est la meilleure armure qu'un homme puisse endosser. Les pitoyables coups de poignard du mépris et de l'envie glissent sans dommage sur sa surface lisse et impénétrable. Sans ce plastron de cuirasse, l'épée du talent ne pourrait se frayer un chemin sur le champ de bataille qu'est la vie, car il faut recevoir des coups autant qu'il faut en donner. Je ne parle pas, bien sûr, de la suffisance de celui qui dresse le menton ou parle d'une voix de fausset. Ce n'est pas là la vraie suffisance – ça, c'est seulement faire semblant, comme les enfants font semblant d'être des rois et des reines et se pavanent avec des plumes et de longues traînes. On ne saurait reprocher à un homme un orgueil authentique, puisqu'il le rend souvent aimable, bon et simple. Il n'a pas besoin de simuler : il est bien trop satisfait de son propre caractère, et sa fierté est trop profondément ancrée en lui pour se voir de l'extérieur. Comme il ne se soucie ni des louanges ni des reproches, il peut se permettre d'être sincère. Tellement au-dessus du reste de l'humanité, croit-il, pour se préoccuper de ses distinctions mesquines, il est aussi à l'aise avec le duc qu'avec le marchand de quatre-saisons. Et comme seuls ses propres principes ont de la valeur à ses yeux, il n'est jamais tenté de pratiquer ce misérable simulacre que les personnes moins indépendantes offrent régulièrement en sacrifice à ce dieu qu'est l'opinion du voisin.

Le timide, en revanche, est humble – il se méfie de son propre jugement et accorde trop d'importance à celui des autres. Mais cette modestie sied au jeune homme. Son caractère n'est pas encore formé. Il sort lentement du chaos du doute et de l'incrédulité. À mesure qu'il grandit en expérience et en perspicacité, son manque de confiance en lui diminue, et il laisse derrière lui sa timidité en quittant l'âge ingrat. Même si sa propre force intérieure ne l'en débarrasse pas, le contact rugueux du monde l'aplanit. Il est rare de rencontrer un homme vraiment timide, à part dans les romans ou sur la scène où, d'ailleurs, le rôle du timide est très admiré, surtout des femmes.

Là, dans ce pays imaginaire, il apparaît sous les traits d'un petit saint aux cheveux blonds – sur les planches, blondeur et bonté vont toujours de pair. Aucun public digne de ce nom ne croirait à l'un sans l'autre. J'ai connu un acteur qui avait un jour égaré sa perruque et avait dû filer jouer le héros avec ses propres cheveux, d'un noir de jais : la salle avait hué ses nobles sentiments, croyant que le méchant, c'était lui. Il – le jeune homme timide – aime l'héroïne d'un amour fervent (mais seulement en aparté, car il n'ose pas le lui déclarer), il est très noble et très désintéressé, parle d'une voix douce et se montre très dévoué à sa maman ; les méchants de la pièce se gaussent et le raillent, mais il le prend très bien et, à la fin, on se rend compte qu'il est fort intelligent, ce qui avait jusqu'ici échappé à tout le monde, puis l'héroïne lui avoue qu'elle l'aime, et il est tellement surpris, et, oh !, tellement heureux, et tous l'aiment et implorent son pardon, qu'il leur accorde en quelques mots sarcastiques bien sentis, en même temps que sa bénédiction ; de manière générale, il paraît si bien dans sa peau que les jeunes gens qui ne sont pas timides regrettent de ne pas l'être. Mais le véritable timide, lui, n'est pas dupe. Il sait que la réalité n'est pas si agréable. Son vrai rôle à lui n'est pas si intéressant que dans la fiction. Il est un peu plus maladroit et plus stupide, un peu moins amoureux et moins doux, et ses cheveux sont beaucoup plus bruns ; tout ça, mis bout à bout, modifie considérablement la donne.

S'il y a un point sur lequel il ressemble à son idéal, c'est dans sa fidélité. Je suis tout prêt à reconnaître cette qualité au jeune timide : il est constant en amour. Mais la raison n'est pas difficile à trouver. Après avoir épuisé toutes ses réserves de courage en regardant une femme en face, il lui serait tout bonnement impossible d'affronter la même épreuve une seconde fois. La gent féminine dans son ensemble lui inspire une trop grande crainte pour qu'il veuille papillonner avec plusieurs. Une lui suffit amplement.

Le jeune homme assuré, en revanche, est soumis à des tentations que son pudique frère ne rencontre jamais. Où qu'il regarde, il voit des yeux coquins et des lèvres rieuses. Quoi de plus normal qu'au milieu de tant d'yeux coquins et de lèvres rieuses il s'égare et, oubliant un instant à quelle paire particulière d'yeux coquins et de lèvres rieuses il appartient, se retrouve à courtiser les mauvaises ? Le timide, le regard toujours braqué sur ses pieds, ne voit rien et n'est pas tenté. Heureux timide !

Encore qu'il se passerait volontiers de ce bonheur-là. Il voudrait tant « y aller » avec les autres et se reproche chaque jour de n'en être pas capable. Dans un suprême effort de courage, il lui arrive parfois de plonger dans la polissonnerie, mais c'est toujours un terrible fiasco et, après avoir perdu pied une ou deux fois, il en ressort en rampant, sans forces et pitoyable.

Je dis « pitoyable », mais je crains qu'il n'inspire jamais aucune pitié. Certains malheurs, s'ils font beaucoup de mal à leurs victimes, ne leur attirent aucune sympathie. Perdre un parapluie, tomber amoureux, souffrir d'une rage de dents, récolter un œil au beurre noir ou voir quelqu'un s'asseoir sur votre chapeau en sont autant d'exemples, mais le principal est la timidité. Le timide passe pour une plaisanterie ambulante. Les tortures qu'il endure sont le spectacle de l'arène, le divertissement du salon : on le montre du doigt et on les commente avec délectation.

« Regardez, s'écrie le public en s'esclaffant, il rougit !

– Non, mais vous avez vu ses jambes ? dit quelqu'un.

– Et sa façon de s'asseoir ? demande un autre. Il va tomber de sa chaise.

– Il a de bien belles couleurs, raille un monsieur à l'allure militaire.

– Dommage qu'il ait autant de mains, soupire une dame âgée, qui a sagement croisé les siennes sur ses genoux. Il ne sait plus quoi en faire.

– Un ou deux mètres de pied en moins seraient tout à son avantage, intervient le comique. Surtout qu'il a l'air si désireux de les cacher. »

Puis un autre suggère qu'avec une voix pareille il aurait dû être capitaine de bateau. Quelqu'un attire l'attention sur sa manière d'agripper son chapeau comme si sa vie en dépendait. Un autre fait un commentaire sur sa conversation limitée. D'autres sur sa toux gênante. Et ainsi de suite, jusqu'à épuisement du sujet et des convives.

Ses amis et parents n'arrangent rien (amis et parents ont le droit d'être encore plus désagréables). Non contents de se moquer de lui derrière son dos, ils insistent pour le mêler à la plaisanterie. Ils le singent et le caricaturent pour sa propre édification. L'un, prétendant l'imiter, sort puis rentre d'une démarche ridiculement nerveuse : c'est ainsi, lui explique-t-il après coup, que lui (le timide) fait son entrée dans une pièce ; ou, se tournant vers lui avec un « Voici ta poignée de main », se lance dans une pantomime grotesque à laquelle il convie la pièce entière, prenant la main de chacun comme s'il s'agissait d'une assiette chaude, avant de la relâcher mollement. Ensuite ils lui demandent pourquoi il rougit, et pourquoi il bégaie, et pourquoi il parle toujours d'une voix presque inaudible, s'imaginant sans doute qu'il le fait exprès. Puis l'un d'eux bombe le torse et se pavane dans la pièce à la manière d'un pigeon domestique pour suggérer très sérieusement que c'est là le style qu'il devrait adopter. Le vieillard lui tape dans le dos en disant : « Soyez hardi, mon garçon. N'ayez peur de personne. » Sa mère lui dit : « Ne fais jamais rien dont tu puisses avoir honte, Algernon, de sorte que tu n'auras jamais à avoir honte de ce que tu fais. » Elle lui sourit avec douceur, apparemment surprise que sa logique coule avec autant de limpidité. Les garçons lui disent qu'il est « pire qu'une fille » ; les filles, quant à elles, rejettent cet affront fait à leur sexe et s'exclament avec indignation que jamais elles ne seraient aussi ridicules que lui.

Elles ont tout à fait raison ; aucune fille ne le serait. Les femmes timides, ça n'existe pas, du moins n'en ai-je jamais rencontré, et je n'y croirai que quand je le verrai. Je sais que par là je vais à l'encontre de l'opinion commune. Toutes les femmes, dit-on, ressemblent à des biches effarouchées, qui rougissent et baissent leurs doux yeux lorsqu'on les regarde et qui s'enfuient lorsqu'on leur adresse la parole ; tandis que nous, les hommes, sommes supposément hardis et exubérants, qualités qui suscitent l'admiration des pauvres petites femmes, lesquelles n'en ont pas moins très peur de nous. Jolie théorie que voilà, mais, comme la plupart des théories communément admises, c'est un tissu de bêtises. La gamine de douze ans affiche bien plus de calme et d'assurance que son frère de vingt ans qui bredouille et bégaie à côté d'elle. Et une dame qui arrive en retard au concert interrompt la représentation et dérange tout le public sans aucune vergogne, alors que son mari la suit, petite chose ratatinée sous le poids de la honte.

L'aplomb suprême des femmes dans tout ce qui touche à l'amour, du premier regard langoureux jusqu'à la fin de la lune de miel, est suffisamment reconnu pour se passer de commentaire. Mais l'exemple est mal choisi en l'occurrence, les positions n'étant pas équilibrées. L'amour est affaire de femmes, et dans « les affaires » nous laissons tous de côté nos faiblesses naturelles – l'homme le plus timide que j'aie jamais connu était rabatteur pour un photographe.

DES BÉBÉS

OH, MAIS SI, j'en connais un rayon là-dessus. J'ai moi-même été bébé, un court moment certes – moins long en tout cas que les vêtements que je portais à l'époque. Je me souviens qu'ils me gênaient chaque fois que je voulais donner des coups de pied. Pourquoi les bébés sont-ils emmaillotés dans des mètres de tissu inutile ? La question n'est pas rhétorique. J'aimerais vraiment avoir la réponse. Je n'ai jamais compris pourquoi on leur infligeait ça. Les parents ont-ils honte que leur enfant soit si petit et veulent-ils le faire paraître plus grand qu'il n'est ? J'interrogeai une nurse un jour là-dessus, qui me répondit :

« Enfin, monsieur, ils ont toujours des vêtements longs, les petits chéris. »

Et quand je lui expliquai que sa réponse, bien qu'elle témoignât de son grand cœur, ne résolvait pas mon problème, elle ajouta :

« Enfin, monsieur, vous ne voudriez pas qu'ils portent des vêtements courts, les chérubins ? » Et cela d'un ton semblant sous-entendre que je suggérais quelque chose de parfaitement scandaleux.

Depuis lors, je n'ai plus osé m'enquérir du sujet, et l'explication, s'il y en a une, demeure pour moi un mystère. En réalité, je trouve absurde de les recouvrir de quelque tissu que ce soit. Dieu sait qu'on perd assez de temps à se vêtir et à se dévêtir au cours de sa vie. On pourrait croire que des êtres qui passent la leur au lit se verraient épargner une pareille torture. Pourquoi réveiller ces pauvres petits malheureux le matin pour les changer avant de les remettre au lit, et les en ressortir le soir pour les changer de nouveau ? Quant à la différence entre les vêtements de nuit et ceux du jour, je la cherche encore.

Mais je suis très probablement en train de proférer des âneries – comme souvent, paraît-il –, aussi n'ajouterai-je pas un mot au sujet des vêtements, sinon qu'il serait judicieux d'adopter une mode permettant de distinguer les filles des garçons.

À l'heure actuelle, la chose paraît compliquée. Ni leurs cheveux, ni leurs habits, ni leur conversation ne nous mettent sur la piste, si bien qu'on se retrouve dans l'obligation de jouer à la devinette. Par une mystérieuse loi de la nature, on se trompe toujours, ce qui nous vaut de passer, aux yeux des parents et amis, pour un idiot doublé d'un coquin, puisqu'il n'y a pas pire abomination que de dire « elle » en parlant du bébé mâle, à part dire « il » en parlant du bébé fille. Ils conçoivent un mépris sans bornes pour le sexe auquel l'enfant n'appartient pas, et le simple fait de le mentionner est vécu comme un affront personnel fait à la famille.

Si vous tenez à votre réputation, n'essayez pas non plus de vous en sortir en parlant de « ça ».

Vous avez à votre disposition plusieurs méthodes pour attirer sur vous la honte et l'ignominie. Par exemple en assassinant de sang-froid une famille nombreuse et respectée et en vous débarrassant des corps dans le réservoir de la Compagnie des Eaux : à tous les coups vous vous ferez mal voir du quartier ; et si vous pillez une église, vous serez même cordialement détesté, en particulier par le pasteur. Mais si vous voulez boire jusqu'à la lie le calice de haine et de mépris qu'un être humain est capable de vous servir, il suffit qu'une jeune mère vous entende appeler son cher bébé « ça ».

De toutes les solutions, la meilleure consiste à nommer l'article en question « petit ange ». Le caractère asexué de l'« ange » est tout à fait approprié, et l'épithète ne manquera pas d'être accueillie favorablement. Par souci de variété, vous pouvez recourir aux mots « trésor » ou « beauté », mais « ange » est celui qui soulignera le mieux votre intelligence et votre sensibilité. Ayez soin de le précéder d'un petit gloussement et de l'accompagner d'un sourire aussi large que possible. Et, quoi que vous fassiez, n'oubliez pas de dire que l'enfant a le nez de son père. Les parents seront « emballés » (si je puis me permettre cette familiarité). Ils feront d'abord semblant d'en rire et diront « oh, quelle idée ! ». Enflammez-vous alors et insistez. Et ne vous embarrassez pas de scrupules, puisque le nez en question ressemble bel et bien à celui de son père – en tout cas autant qu'à n'importe quelle autre chose, vu qu'à ce stade ce n'est qu'une espèce de pâté informe.

Ne négligez pas ces conseils, mes amis. Si vous vous retrouvez un jour avec maman d'un côté et mamie de l'autre, un groupe de jeunes femmes en extase (rien à voir avec vous) derrière, et un petit bout d'humanité tout chauve devant, vous serez bien contents de savoir quoi dire. Un homme (un célibataire, s'entend) n'est jamais moins à son avantage que dans cette épreuve : « voir bébé ». Il suffit qu'on le lui propose pour qu'un frisson glacé lui parcoure le dos, et le sourire maladif avec lequel il répond qu'il en sera enchanté devrait attendrir jusqu'au cœur d'une mère, sauf si, comme je suis enclin à le penser, tout ça n'est qu'une ruse que fomentent les épouses pour décourager les amis célibataires de leur rendre visite.

C'est pourtant un tour bien cruel, quelle qu'en soit l'excuse. Au signal, dès qu'on sonne la domestique pour l'envoyer dire à la nurse de descendre bébé, toutes les femmes de l'assistance commencent à « parler bébé ». Abandonné à vos tristes pensées, vous envisagez alors de filer en prétextant l'oubli d'un rendez-vous important et vous évaluez la probabilité d'être cru. À l'instant où vous concoctez une histoire invraisemblable à propos d'un homme qui est là, à l'extérieur, la porte s'ouvre et une grande femme à la mine revêche entre, portant ce que vous prenez d'abord pour un traversin très maigre dont tout le rembourrage aurait glissé d'un côté. Votre instinct, cependant, vous souffle qu'il s'agit du bébé, et vous vous levez, dans un pitoyable simulacre de ferveur. Quand, une fois accueilli l'objet en question, la première vague d'enthousiasme féminin a reflué, et que le nombre de ces dames parlant de concert est revenu à la normale, c'est-à-dire à quatre ou cinq, le cercle des jupons froufroutants s'ouvre pour vous laisser avancer. Vous vous exécutez, avec à peu près l'expression que vous prendriez si vous aviez à rejoindre le banc des accusés au tribunal. Puis, vous sentant indiciblement malheureux, vous restez là à contempler l'enfant. Le silence est total ; tout le monde attend que vous preniez la parole. Vous cherchez quelque chose à dire, mais vous découvrez, horrifié, que vos capacités de raisonnement vous ont abandonné. Vous êtes en train de vivre un vrai moment de désespoir, dont profite votre mauvais génie pour vous suggérer les commentaires les plus stupides qu'il soit humainement possible de proférer. Regardant autour de vous avec un sourire niais, vous faites remarquer dans un ricanement que « ça n'a pas beaucoup de cheveux, si ? ». Pendant une minute, tout le monde reste interdit, jusqu'à ce que, enfin, la digne nurse déclare d'un ton grave :

« Il est rare que les enfants de cinq semaines aient les cheveux longs. »

S'ensuit un autre silence – c'est une seconde chance qu'on vous offre et que vous saisissez en demandant si « ça » parle déjà, ou de quoi « ça » se nourrit.

À ce moment-là, la preuve est faite que vous n'avez pas toute votre tête, et vous n'inspirez plus que de la pitié. Mais, folie ou non, la nurse est bien décidée à vous refuser toute échappatoire et à vous forcer à accomplir votre tâche jusqu'au bout. Avec la voix d'une grande prêtresse présidant à quelque mystère religieux, elle dit en vous tendant le paquet :

« Prenez-la dans vos bras, monsieur. » Trop accablé pour opposer la moindre résistance, vous acceptez le fardeau. « Placez votre bras plus bas, monsieur », ajoute la grande prêtresse. Tout le monde se recule alors et vous observe, comme si vous alliez vous en servir pour réaliser un tour de magie.

Vous ne savez plus que faire ni que dire, et pourtant il vous faut agir. La seule idée qui vous vienne, c'est de balancer l'enfant mécontente de haut en bas en accompagnant le mouvement d'un « youpe-la-la » ou autre exclamation de même portée intellectuelle. « J'éviterais de la secouer si j'étais vous, monsieur, dit la nurse. Un rien la rend malade. » Vous décidez donc aussitôt de ne plus la secouer et espérez sincèrement n'être pas déjà allé trop loin.

À ce moment-là, l'enfant elle-même, qui jusqu'ici vous considérait avec une expression d'horreur mêlée de dégoût, abrège cette scène ridicule en se mettant à hurler à pleins poumons, de sorte que la prêtresse se précipite et vous l'arrache des mains avec un « Là ! Là ! Là ! Qu'est-ce que le monsieur a fait à notre petite ?

– C'est extraordinaire ! dites-vous. Qu'est-ce qui a bien pu provoquer une telle réaction ?

– Oh, mais vous, sûrement, réplique la mère, indignée. Cette enfant ne crie pas sans raison. » Tout le monde est visiblement persuadé que vous l'avez piquée avec des aiguilles.

La mioche a fini par se calmer ; elle serait sûrement restée tranquille si quelque mouche du coche malveillante ne vous avait pas pointé du doigt en disant : « Qui c'est, là, bébé ? » Et l'intelligente enfant, vous reconnaissant, de s'égosiller de plus belle.

C'est alors qu'une vieille dame corpulente fait remarquer : « C'est étrange, cette façon qu'ont les enfants de prendre quelqu'un en grippe.

– Oh, ils savent bien pourquoi, eux, répond une autre, sibylline.

– C'est prodigieux », ajoute une troisième. Et toutes vous regardent de travers, convaincues que vous êtes un monstre de la pire espèce. Et elles s'émerveillent à l'idée que le nourrisson, grâce à son instinct inné, a percé à jour votre vraie nature, jusque-là dissimulée à vos frères humains.

Malgré leurs crimes et leurs erreurs, les bébés ne sont cependant pas dénués d'utilité – pas dénués d'utilité quand ils remplissent un cœur vide ; quand, à leur appel, des visages assombris s'illuminent ; quand leurs petits doigts transforment des rides en sourires.

Étranges petites personnes ! Ils sont inconsciemment les pitres de la grande scène du monde, qui apportent l'humour dans le drame trop lourd de la vie. Rebelles en miniature déterminés à contester l'ordre des choses, ils sont toujours là à faire n'importe quoi, n'importe quand, n'importe où et n'importe comment. La jeune nurse qui envoyait Jenny voir ce que faisaient Tommy et Totty pour « leur dire de ne pas le faire » connaissait la nature enfantine. Si, dès que vous lui en donnez l'occasion, un bébé normal ne commet pas quelque bêtise, il faut d'urgence appeler le docteur.

Ils ont le génie de faire les choses les plus ridicules, et d'une manière sérieuse et stoïque assez irrésistible. C'est très amusant d'en voir deux se prendre résolument par la main pour filer à toute vitesse d'un côté, alors qu'une grande sœur irritable leur crie de la suivre dans la direction opposée – amusant, sauf peut-être pour la grande sœur. Ils tournent autour d'un soldat, observent ses jambes avec beaucoup de curiosité et lui donnent de petits coups pour voir s'il est réel. Ils soutiennent mordicus, pour le plus grand embarras de la victime, que le timide jeune homme au fond du bus, c'est « papa ». Pour eux, un coin de rue bondée est toujours l'endroit idéal où discuter à voix perçantes des affaires familiales. En plein milieu du carrefour, un désir soudain les prend de danser, et il faut toujours que ce soit sur le seuil d'un magasin très fréquenté qu'ils choisissent de s'asseoir pour retirer leurs chaussures.

Lorsqu'ils sont à la maison, la plus grosse canne disponible ou un parapluie (ouvert de préférence) leur semblent très utiles pour monter l'escalier. Ils se prennent de passion pour Mary Ann au moment précis où la fidèle domestique a décidé de lubrifier le fourneau au graphite, et ils ont absolument besoin de lui exprimer leurs sentiments en l'embrassant ici et maintenant. Pour ce qui est de la nourriture, leurs plats préférés se résument au charbon et à la pâtée pour chat. Ils cajolent minou en le roulant sur le dos et témoignent leur affection au chien en le tirant par la queue.

Ils causent bien du souci, mettent le bazar partout et coûtent très cher d'entretien. Mais que serait la maison sans eux ? Sans leur langue déliée et leurs mains gaffeuses, un foyer ne serait plus tout à fait un foyer. Sans leurs cavalcades, les pièces de la maison ne vous sembleraient-elles pas trop silencieuses ? Et ne risqueriez-vous pas de vous éloigner l'un de l'autre si leur babillage ne venait vous rapprocher ?

Du moins devrait-il en aller ainsi. Pourtant, j'ai quelquefois pensé que leur petite main avait toutes les apparences d'une lame propre à rompre les liens. Il peut paraître grossier de critiquer ainsi le plus pur des attachements humains, celui qui vient couronner la vie d'une femme, à savoir l'amour maternel. Cet amour-là est sacré, nous autres hommes avons la fibre trop dure pour le comprendre, et je ne voudrais pas être accusé de lui manquer de respect. Mais est-il vraiment obligé d'étouffer toute autre affection ? Le bébé n'a pas besoin d'accaparer votre cœur tout entier, à l'image de cet homme riche qui, dans le désert, fit murer le puits. D'autres voyageurs ne sont-ils pas tout aussi assoiffés ?

Dans votre désir d'être une bonne mère, n'oubliez pas d'être une bonne épouse. Inutile de réserver tous vos soins et vos pensées à un seul. Quand le pauvre Edwin veut sortir, ne répondez pas d'un ton indigné : « Quoi, et laisser bébé ? » Ne passez pas toutes vos soirées à l'étage, et ne limitez pas vos conversations à la coqueluche et à la rougeole. Chère petite madame, votre enfant ne va pas mourir chaque fois qu'il éternue, la maison ne va pas s'enflammer et la nurse s'enfuir avec un soldat chaque fois que vous passerez la porte ; et le chat n'ira pas à coup sûr s'asseoir sur la poitrine du précieux bambin chaque fois que vous vous éloignerez du berceau. Vous vous inquiétez beaucoup trop pour cet oisillon solitaire, et par la même occasion vous inquiétez tout le monde. Si vous songiez aussi à vos autres devoirs, votre beau visage perdrait les rides qu'y trace l'inquiétude, et la gaieté emplirait le salon aussi bien que la nurserie. Ne négligez pas trop votre gros bébé. Faites-le danser un peu ; donnez-lui des surnoms ; taquinez-le de temps à autres. C'est seulement à son premier-né qu'une femme consacre tout son temps. Cinq ou six marmots réclament beaucoup moins d'attention qu'un seul. Mais avant que ça n'arrive, le mal est fait. Une maison où il ne trouve plus sa place et une femme trop occupée pour penser à lui ne retiennent pas un mari déraisonnable : il est déjà parti chercher ailleurs réconfort et compagnie.

Mais allons, allons ! je vais passer pour l'ennemi des bébés si je continue dans cette veine. Et Dieu sait que rien ne me serait plus étranger. Qui pourrait l'être, en voyant ces petits visages innocents, massés, tout timides et vulnérables, autour des grandes grilles qui ouvrent sur le monde ?

Le monde… le petit monde rond ! Comme il doit paraître vaste et mystérieux aux yeux des bébés ! Le jardin de derrière est un continent inexploré. Et quelles merveilleuses découvertes leur réserve le cellier sous l'escalier ! Avec quelle impatience mêlée de crainte ils contemplent la longue rue comme nous contemplons les étoiles, en se demandant où tout cela se termine !

Et sur la sombre route de la vie qui s'étire devant eux (la plus longue de toutes les rues) ils posent un regard grave et pénétrant. Un regard pitoyable et effrayé parfois. Je me souviens d'avoir vu, un soir, un mioche assis sur le seuil d'un taudis de Soho. Jamais je n'oublierai l'expression de ce visage chiffonné que le bec de gaz me révéla – une expression de désespoir morne, comme si, dans cette rue sordide, sa propre vie lui était apparue, non moins sordide, tel un spectre qui l'eût atteint en plein cœur.

Pauvres petits pieds, qui n'en sont qu'au début d'un chemin caillouteux ! Nous, vieux voyageurs qui sommes déjà bien avancés sur le parcours, nous ne pouvons nous arrêter qu'un bref instant pour vous faire signe. En nous retournant, nous vous voyons sortir du brouillard obscur, si petits dans le lointain, debout au sommet de la colline, les bras tendus vers nous. Bon voyage et que Dieu vous garde ! Nous aimerions tant rester et prendre vos petites mains dans les nôtres, mais déjà s'élève le murmure de la vaste mer, et il n'est plus temps de nous attarder. Il faut nous hâter, car les navires fantômes attendent de hisser leurs voiles noires.

DU BOIRE
ET DU MANGER

J'AI TOUJOURS AIMÉ boire et manger. Enfant déjà, j'adorais ça – surtout manger, d'ailleurs, en ces jeunes années. J'avais alors bon appétit et une digestion à toute épreuve. Je me souviens d'un homme, aux yeux ternes et au teint blême, venu dîner un soir à la maison. Après m'avoir regardé dévorer mon plat pendant environ cinq minutes, apparemment fasciné, il se tourna vers mon père :

« Votre fils ne souffrirait-il pas parfois de dyspepsie ?

– Je ne l'ai jamais entendu se plaindre de quoi que ce soit de ce genre, répondit mon père. T'arrive-t-il de souffrir de dyspepsie, La Colique ? » (On m'appelait La Colique, mais ce n'est pas mon vrai nom.)

« Non, papa », répondis-je.

Après quoi j'ajoutai :

« C'est quoi, la dyspepsie, papa ? »

L'ami au teint blême me lança un regard où se mêlaient l'amusement et l'envie, puis d'un ton infiniment désolé, déclara :

« Tu le sauras… un jour. »

Ma chère et pauvre mère disait qu'elle aimait me voir manger et, depuis lors, je me réjouis à la pensée de lui avoir donné toute satisfaction à cet égard. Un gamin en pleine croissance et en pleine santé, qui se dépense beaucoup et veille à ne pas trop se laisser absorber par l'étude, peut en général satisfaire les attentes les plus exigeantes en matière d'appétit.

Il est amusant de voir les garçons manger, quand on n'a pas à payer l'addition. Pour eux, un vrai repas se compose de deux kilos de rosbif, accompagnés de cinq ou six pommes de terre (farineuses de préférence, car plus nourrissantes ainsi), de légumes verts à volonté et de quatre bonnes tranches de pudding du Yorkshire, suivis de deux chaussons aux groseilles, de quelques pommes vertes, d'une poignée de noix, d'une demi-douzaine de petits biscuits, le tout arrosé d'une limonade au gingembre. Puis ils s'en vont jouer à chat.

Comme ils doivent nous mépriser, nous les hommes, qui avons besoin de deux heures de repos après avoir dîné d'une soupe claire et d'une aile de poulet !

Mais les jeunes gens n'ont pas tout pour eux. Un garçon ne pourra jamais jouir du luxe d'être comblé, car il ne se sent jamais rassasié. Il ne peut jamais étirer les jambes, placer les mains derrière la tête et, fermant les yeux, glisser dans la béatitude céleste qui enveloppe l'homme repu. Le garçon n'a que faire d'un dîner, alors que pour un homme mûr, c'est une potion magique. Après un bon dîner, le monde lui apparaît meilleur et plus lumineux. Chaque être vivant éveille en lui un amour ardent. Il caresse doucement le chat et l'appelle « pauvre minou », d'un ton débordant de tendresse. Il compatit au sort de la fanfare qui passe, dehors, et se demande si les musiciens n'ont pas froid ; et à cet instant précis, il ne déteste même plus sa belle-famille.

Un bon dîner, voilà qui fait ressortir le bon côté d'un homme. Sous son influence bénéfique, celui qui est mélancolique et morose devient jovial et volubile. Des êtres compassés et revêches, qu'on croirait vivre de vinaigre et de sels d'Epsom, se mettent à sourire jusqu'aux oreilles, à tapoter la tête des petits enfants et à leur faire miroiter la promesse (vague) de quelques pièces. Les hommes sérieux se détendent et montrent une certaine gaieté, et les jeunes gens snobs à l'épaisse moustache oublient de se rendre insupportables.

Moi-même, je suis toujours d'humeur sentimentale après dîner. C'est le seul moment où j'apprécie vraiment les histoires d'amour. Là, quand le héros, étouffant un sanglot, *la* serre contre son cœur dans une dernière et ardente étreinte, je me sens aussi triste que si je m'étais distribué un 2 au whist, et je verse une larme à la mort de l'héroïne. Tôt le matin, la même histoire me ferait ricaner. La digestion, ou plutôt l'indigestion, a un effet souverain sur le cœur. Si je veux écrire une page très pathétique (ou du moins m'y essayer), environ une heure avant je mange une grande assiette de *muffins* tièdes et beurrés, de sorte que, le moment venu, je m'assois à ma table de travail dans un état d'indicible mélancolie. Je m'imagine des amants au cœur brisé qui se séparent pour toujours devant un échalier solitaire au bord de la route, alors que gagne autour d'eux le crépuscule et que seule la cloche d'un mouton au loin rompt un silence lourd de chagrin. De vieux messieurs contemplent des fleurs fanées jusqu'à ce que leur regard se voile de larmes. De petites jeunes filles font le guet devant la fenêtre ouverte, mais « il ne vient pas » ; les pénibles années passent et leurs tresses blondes blanchissent. Les bébés qu'elles berçaient sont devenus des hommes et des femmes accablés de leurs propres soucis, et les camarades de jeux avec qui elles riaient autrefois reposent, très silencieux, sous l'herbe ondulante. Mais elles continuent d'attendre et de guetter, jusqu'au moment où les ombres noires de la nuit inconnue se lèvent sans bruit et les entourent, et que sous leurs yeux douloureux disparaissent le monde et ses problèmes dérisoires.

Je vois des cadavres livides ballottés dans les vagues écumeuses, des lits de mort mouillés de larmes amères et des tombes au milieu de déserts inexplorés. J'entends les hurlements sauvages des femmes, les gémissements étouffés des enfants et le sanglot rauque des hommes forts. Merci les *muffins* ! Jamais une côtelette de mouton et un verre de champagne ne parviendraient à faire naître en moi une telle mélancolie.

Un estomac plein est l'allié de la poésie, alors qu'aucun sentiment d'aucune sorte ne peut résister à l'appel d'un ventre vide. Nous n'avons ni le temps ni l'envie de donner libre cours à des malheurs imaginaires tant que nous n'avons pas réglé nos problèmes réels. La mort des petits oiseaux ne nous arrache aucun soupir quand l'huissier frappe à la porte, et quand nous ignorons d'où nous tombera notre prochain shilling, peu nous importe de savoir si les sourires de notre maîtresse sont froids, chauds ou tièdes.

Les idiots – quand je dis « les idiots » de ce ton dédaigneux, je parle des gens qui ont des opinions différentes des miennes, et s'il y a bien quelqu'un que je méprise, c'est celui qui ne pense pas exactement comme moi sur quelque sujet que ce soit –, les idiots, disais-je donc, clament que la détresse morale est bien pire que la souffrance physique (sans avoir jamais connu ni l'une ni l'autre). Quelle théorie touchante et romantique ! Tellement réconfortante pour le jeune homme malade d'amour qui, regardant de haut un pauvre diable au visage creusé par la faim, songe : « Ah, comme vous êtes heureux comparé à moi ! » Tellement rassurante pour le vieillard ventripotent qui vante la supériorité de la pauvreté sur la richesse. Mais voilà bien des âneries – des clichés. Un mal de tête fait vite oublier un chagrin d'amour. Un doigt cassé effacera jusqu'au souvenir d'une chaise vide. Et quand un homme ressent intensément la faim, il ne ressent rien d'autre.

Les gens à l'aise et bien nourris comme nous ne comprennent pas vraiment ce qu'est la faim. Passe encore de manquer quelquefois d'appétit et de refuser les mets délicats qui nous sont servis. Mais défaillir par manque de nourriture, nous n'avons aucune idée de ce que ça fait – mourir faute de pain pendant que d'autres le jettent, regarder avec des yeux affamés le plat du jour qui fume derrière des fenêtres sales, désirer si fort ne serait-ce qu'une cuillerée de purée de pois et n'avoir nulle pièce en poche pour l'acheter ; avoir le sentiment qu'un croûton serait un délice, un os, un banquet.

Pour nous, la faim est un luxe, la sauce épicée qui relève un plat. Ça vaut la peine de s'affamer et de s'assoiffer, ne serait-ce que pour mesurer la satisfaction que donnent le boire et le manger. Pour profiter pleinement de votre dîner, allez faire cinquante kilomètres à pied dans la campagne après le petit déjeuner, sans rien avaler avant votre retour. Sûr que vos yeux brilleront à la vue de la nappe blanche et des plats fumants ! Avec quel soupir de contentement vous reposerez votre chope de bière vide pour saisir couteau et fourchette ! Et quel sentiment de plénitude lorsque, enfin repu, vous repousserez votre chaise, allumerez un cigare et sourirez à la ronde.

Si vous décidez de mettre ce plan à exécution, assurez-vous cependant que le bon dîner vous attendra bel et bien au terme de votre parcours, sans quoi la déception risque d'être cruelle. Je me souviens d'un jour que j'ai passé avec un ami… Ce bon vieux Joe. Ah ! quel dommage de se perdre de vue dans les brumes de la vie ! Cela doit bien faire huit ans que je n'ai pas croisé Joseph Taboys. J'aurais plaisir à retrouver son visage jovial et sa poignée de main ferme, à entendre son rire joyeux ! En plus, il me doit quatorze shillings. Bref, nous étions en vacances tous les deux ; un matin, nous prîmes notre petit déjeuner de bonne heure et partîmes pour une immense promenade. Nous avions commandé un canard pour le dîner. « Mettez-en un gros, avions-nous dit, parce que à notre retour nous serons affamés. » Tandis que nous sortions, notre aubergiste était apparue, toute guillerette. « Je vous ai trouvé un canard dont vous me direz des nouvelles, messieurs. Si vous en venez à bout, je vous tire mon chapeau. » Là-dessus, elle brandit un volatile de la taille d'un paillasson. À sa vue, nous rîmes et répondîmes que nous ferions de notre mieux. Cela dit avec un orgueil timide, propre aux hommes assurés de leur puissance. Puis nous nous mîmes en route.

Nous nous perdîmes, bien sûr. Je me perds toujours dans la campagne, et ça me rend fou, parce qu'il ne faut pas compter sur l'aide des indigènes. Autant demander au domestique d'une pension de famille comment faire les lits que de s'attendre à ce qu'un péquenaud de la campagne connaisse la route du prochain village. Vous devez hurler la question trois fois avant que le son de votre voix pénètre dans son crâne. La troisième fois, il lève lentement la tête et vous contemple d'un regard vide. Vous lui criez alors la même chose une quatrième fois, et il la répète après vous. Pendant qu'il réfléchit, vous avez le temps de compter jusqu'à deux cents. Enfin, au rythme de trois mots à la minute, il dit que « le mieux, ce serait de… ». Mais voilà qu'il aperçoit un autre idiot sur la route, à qui il braille la question et demande son avis. Après en avoir discuté pendant un quart d'heure environ, les deux hommes conviennent que le plus simple consiste à descendre le chemin tout droit, tourner à droite et traverser au troisième échalier, puis prendre à gauche en longeant l'étable du vieux Jimmy Milcher, traverser le champ de trois hectares, passer la grille à côté de la meule de foin du squire Grubbin, continuer un moment sur la piste cavalière jusqu'à la colline où se trouvait autrefois le moulin (qui n'existe plus), puis tourner à droite en laissant derrière soi le bois de Stiggin. Vous dites « merci » et vous vous éloignez avec un mal de tête carabiné, mais sans être plus renseigné sur l'itinéraire à suivre. Tout juste avez-vous retenu qu'il y a un échalier à franchir quelque part ; et, au croisement suivant, vous tombez sur quatre échaliers, qui tous mènent dans des directions différentes !

Nous avons enduré cette épreuve deux ou trois fois. Nous avons arpenté des champs, traversé des ruisseaux, passé des haies et escaladé des murs. Nous nous sommes disputés pour savoir lequel de nous était responsable du fiasco. Nous étions d'humeur exécrable, épuisés, et nous avions mal aux pieds. Mais pendant toute la durée du calvaire, la pensée qu'un canard nous attendait nous avait permis de tenir. Comme une vision féerique flottant devant nos yeux fatigués et nous faisant avancer. Comme un coup de trompe qui réveille l'homme évanoui. Nous en parlions et nous remontions mutuellement le moral en évoquant cette perspective. « Allez, venez, disions-nous. Sinon le canard sera perdu. »

À un moment, nous fûmes tentés de nous arrêter dans une auberge de village pour partager un peu de pain et de fromage, mais nous résistâmes héroïquement : plus nous serions affamés, plus nous apprécierions le canard.

Croyant humer son parfum à notre entrée en ville, nous parcourûmes les cinq cents derniers mètres en moins de trois minutes. Nous montâmes l'escalier quatre à quatre pour aller nous laver et nous changer, puis redescendîmes. Nous nous mîmes à table en nous frottant les mains pendant que la patronne soulevait le couvercle des plats. Je saisis couteau et fourchette et commençai à découper.

La bête était coriace. Je m'escrimai pendant cinq minutes environ sans faire la moindre petite entaille, puis Joe, qui mangeait des pommes de terre, demanda s'il ne serait pas préférable de passer le relais à quelqu'un qui s'y entendait en découpage. Ignorant sa remarque stupide, j'attaquai la volaille avec une telle vigueur cette fois qu'elle décolla du plat pour aller se réfugier près du pare-feu.

Après l'avoir récupérée, je m'apprêtais à faire une nouvelle tentative, quand Joe s'impatienta. S'il s'était douté, dit-il, que nous ferions une partie de hockey avec le dîner, il aurait pris un morceau de pain et de fromage à l'auberge.

Trop exténué pour argumenter, je reposai dignement couteau et fourchette et me mis en retrait pendant que mon ami s'en prenait à la maudite créature. Il s'échina en silence pendant un moment, puis murmura « foutu canard », avant de retirer sa veste.

Nous réussîmes finalement à couper la bête à l'aide d'un burin, mais elle était parfaitement immangeable, si bien que nous dûmes nous contenter de légumes et d'une tarte aux pommes. La seule bouchée de canard que nous goûtâmes avait la consistance du caoutchouc.

C'était un péché abominable que de tuer ce mâle. Mais que voulez-vous, il n'y a plus de respect pour les traditions dans ce pays.

J'avais commencé cet article avec l'idée d'écrire sur le boire et le manger, mais je m'en suis tenu au manger jusqu'ici. Voyez-vous, la boisson est de ces sujets sur lesquels il n'est pas conseillé de paraître trop bien renseigné. L'époque est révolue où l'homme qui se couchait ivre tous les soirs passait pour viril ; et celui qui a l'esprit clair et la main ferme ne se voit plus reprocher son caractère efféminé. Au contraire, en ces temps de triste dépravation, une haleine chargée, un visage bouffi, une démarche titubante et une voix enrouée sont considérés comme la marque du vaurien plutôt que du gentleman.

Même aujourd'hui, cependant, la soif de l'humanité demeure extraordinaire. Nous avons toujours une bonne excuse pour boire, et nous ne nous sentons jamais à l'aise sans un verre à portée de main. Nous buvons avant les repas, pendant les repas et après les repas. Nous buvons quand nous rencontrons un ami, puis quand nous le quittons. Nous buvons quand nous parlons, lisons ou réfléchissons. Nous buvons à la santé des autres et abîmons la nôtre. Nous buvons à la reine, à l'armée, aux dames et à tout ce qui est buvable ; en cas d'extrême nécessité, je crois que nous boirions même à notre belle-mère.

D'ailleurs, nous ne mangeons jamais à la santé de quiconque. Pourquoi ne pas nous lever de temps en temps et manger une tarte au succès de quelqu'un ?

Ce besoin constant de boire qui afflige la majorité des hommes me dépasse, je le reconnais. Je comprends qu'on boive pour noyer ses soucis ou chasser des pensées obsédantes. Je comprends que les masses ignorantes aiment se perdre dans la boisson. Oh, certes, c'est tout à fait choquant, bien sûr… du moins nous, qui vivons dans de confortables maisons, avec tous les plaisirs et les raffinements de la vie à portée de main, sommes très choqués de voir les habitants de caves humides et de mansardes pleines de courants d'air quitter leur repaire de misère pour la chaleur et la lumière du pub, où ils cherchent à s'éloigner un court instant de leur monde gris pour voguer sur le courant de gin du fleuve Léthé.

Mais avant de lever les mains au ciel, horrifié, devant leur vie dépravée, réfléchissez à ce que signifie « la vie » pour ces malheureux. Représentez-vous la misère sordide de leur existence abrutissante, qui s'étire d'année en année dans une chambre exiguë et bruyante où, entassés comme de la vermine dans les égouts, ils dépérissent et dorment, où des enfants couverts de crasse crient et se bagarrent, où des femmes malpropres, aux voix aiguës, les giflent, jurent et maugréent, où la racaille grouille dans les rues tandis que la maison est un foyer de violence et de puanteur.

Pensez à cette tige sans sève que doit être pour eux la fleur de la vie, sans esprit ni âme. Le cheval dans sa stalle sent la bonne odeur du foin et se repaît de maïs mûr. Le chien de garde dans sa niche plisse les yeux face à l'agréable soleil, rêve d'une partie de chasse dans les champs couverts de rosée et se réveille en poussant un jappement de joie pour accueillir la caresse d'une main.

Mais l'existence imbécile de ces bûches ne voit jamais le moindre rayon de soleil. Du moment où ils rampent de leur lit inconfortable au moment où ils s'y recouchent, ils ne connaissent pas un instant de vraie vie. Le divertissement, l'amusement, la camaraderie : ils ignorent le sens de ces mots. La joie, la peine, le rire, les larmes, l'amour, l'amitié, le désir et le désespoir sont pour eux des termes creux. Du jour où leurs yeux de bébé s'ouvrent sur leur monde sordide jusqu'à celui où, avec un juron, ils les referment pour toujours, avant que leurs os soient éparpillés à la pelle, jamais ils ne se réchauffent au feu de la compassion humaine, jamais la moindre pensée ne les a transportés, jamais le moindre espoir ne les a fait frémir. Au nom du Dieu miséricordieux, qu'on les laisse ingurgiter cet alcool qui rend fou et sentir un bref instant qu'ils sont en vie !

Ah, on peut parler autant qu'on veut de sentiments, mais en ce bas monde l'estomac est le vrai foyer du bonheur. La cuisine est le grand temple de nos dévotions, son feu ronflant notre flamme sacrée, le cuisinier notre grand prêtre. Magicien puissant et bienveillant, il apaise toutes les peines et les soucis. Il repousse toute inimitié et enchante tout amour. Notre Dieu est grand et le cuisinier est son prophète. Mangeons, buvons et soyons heureux.

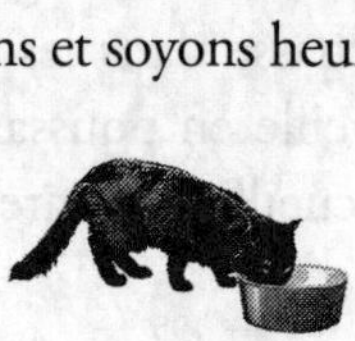

DES APPARTEMENTS MEUBLÉS

« Oh, vous avez des chambres à louer ! »

« MAMAN !

– Quoi, qu'est-ce qui se passe ?

– Y'a un monsieur pour les chambres.

– Fais-le entrer. Je remonte dans une minute.

– Si vous voudrez bien entrer, monsieur ? Maman va remonter dans une minute. »

Vous entrez donc et, au bout d'une minute, « maman » remonte lentement l'escalier de la cuisine et retire son tablier tout en lançant des ordres à quelqu'un qui, en bas, s'occupe des pommes de terre.

« Bonjour, monsieur, dit "maman" avec un sourire épuisé. Si vous voulez bien venir par ici, s'il vous plaît ?

– Oh, inutile que je monte, déclarez-vous. Comment est la chambre et combien coûte-t-elle ?

– Eh bien, dit la logeuse, si vous voulez bien monter, je vais vous montrer. »

De sorte qu'avec un murmure de protestation visant à suggérer qu'il ne faudra pas vous reprocher ensuite de lui avoir fait perdre son temps, vous suivez « maman » en haut.

Sur le premier palier, vous tombez nez à nez avec un balai et un seau, ce qui donne à « maman » l'occasion de discourir sur la négligence des domestiques, puis elle braille à Sarah par-dessus la rampe de venir les récupérer immédiatement. Une fois devant la chambre elle s'arrête, la main sur la porte, pour vous expliquer qu'elle est un peu en désordre, là, tout de suite, puisque l'ancien locataire n'est parti que la veille ; et elle ajoute que c'est aujourd'hui le jour du ménage – c'est toujours le jour du ménage. Ainsi prévenu, vous entrez, et l'un comme l'autre vous posez un regard grave sur la scène qui vous est dévoilée. On ne peut pas dire que la chambre soit accueillante. Même le visage de « maman » ne trahit pas la moindre admiration. Les « appartements meublés » sans locataire, vus à la lumière du matin, n'inspirent guère de sensations réjouissantes, tant ils semblent dépourvus de vie. C'est très différent une fois que vous vous y êtes installé et que vous y vivez, avec vos vieilles divinités domestiques qui vous saluent chaque fois que vous levez les yeux. Vous avez dispersé vos petites affaires autour de vous (les photos de toutes les filles que vous avez aimées et perdues s'alignent sur le manteau de la cheminée et une demi-douzaine de pipes d'aspect peu honorable sont éparpillées bien en vue). Une pantoufle de feutre pointe de sous la caisse à charbon et l'autre trône sur le piano. Des reproductions familières cachent les murs défraîchis. Vos livres, ces chers vieux amis, sont jetés partout pêle-mêle. Les quelques pièces de vieille porcelaine bleue que votre mère chérissait côtoient la tapisserie qu'elle avait faite autrefois, quand son vieux visage doux et rieur était jeune et que ses cheveux blancs et soyeux cascadaient en boucles châtain clair sous sa capote…

Ah, vieille tapisserie, tu devais être si belle dans tes jeunes années, quand les tulipes, les roses et les lis (qui tous poussent ici sur la même tige) étaient frais et scintillants ! Nombre d'étés et d'hivers ont passé depuis, mon amie, et tu as trop joué avec la lumière dansante du feu. Tes couleurs éclatantes ont presque disparu aujourd'hui, et les mites envieuses ont rongé tes fils de soie. Tu t'étioles, triste et grise, comme les mains mortes qui t'ont tissée. T'arrive-t-il de songer à elles ? À te voir parfois si grave et pensive, je suis presque tenté de le croire. Viens, toi, moi et les braises rougeoyantes, nous allons converser. Dis-moi, dans ta langue silencieuse, quels souvenirs tu gardes de ces jeunes années, quand tu reposais sur les genoux de ma mère et que ses doigts jouaient avec tes tresses arc-en-ciel. Y avait-il parfois un jeune homme à proximité ? Un jeune homme qui prenait l'une de ces petites mains pour la couvrir de baisers et, refusant de la lâcher, entravait ta progression ? Ta fragile existence n'a-t-elle pas souvent été compromise par ce même jeune homme maladroit et impétueux, qui, non content de tenir une main, te lançait négligemment de côté pour serrer les deux et lever le regard vers les yeux qu'il adorait ? Je le vois à travers le brouillard vibrant du crépuscule. C'est un garçon passionné, aux yeux vifs et aux cheveux bouclés, portant des chaussures de dandy serrées et des culottes étroites, un jabot et des chaussettes blancs comme neige. Un garçon enjoué et tout fou ! Se peut-il que ce soit cet homme sérieux et imposant sur la canne duquel je chevauchais, enfant ? Cet homme usé par le souci dont je contemplais autrefois le visage austère avec respect et que j'appelais « papa » ? Tu réponds « oui », vieille tapisserie, mais en es-tu si sûre ? C'est une accusation grave, que tu portes là. Est-ce possible ? Devait-il s'agenouiller dans ces culottes magnifiques pour te ramasser et t'épousseter, et ainsi recevoir le pardon et une caresse de la petite main de ma mère ? Ah, vieille tapisserie, les jeunes gens et les jeunes filles, il y a cinquante ans, se faisaient-ils la cour comme ils la font aujourd'hui ? Les hommes et les femmes ont-ils si peu changé ? Sous leur corset brodé de perles, le cœur des demoiselles battait-il au même rythme que sous la pèlerine ? Le cerveau fonctionne-t-il de la même façon sous un casque d'acier et sous un haut-de-forme ? Ô Temps ! grand Chronos ! C'est là tout ton pouvoir ? As-tu asséché des mers et raboté des montagnes, pour laisser les attachements du cœur humain te résister ? Eh oui ! Ils ont été tressés par plus puissant que toi et leurs extrémités se perdent dans l'éternité. Tu peux bien arracher les feuilles et faner les floraisons, mais les racines de la vie plongent trop profond pour que ta faux les atteigne. Tu changes la physionomie de la Nature, mais tu n'as aucune influence sur le battement de son pouls. Si la Terre tourne en obéissant à tes lois, le cœur de l'homme n'appartient pas à ton royaume, car, là où il est né, « mille ans sont comme hier ».

Je crains de m'éloigner de mes « appartements meublés » et ne sais pas bien comment y revenir. Quoique cette fois j'aie une excuse à mes digressions. C'est un vieux meuble qui m'a fait dévier de mon chemin, et les vieux meubles nourrissent l'imagination comme les vieilles pierres la mousse. Nos tables et nos chaises finissent par faire partie de notre vie et ressemblent à des amis silencieux. Quelles étranges histoires ces vieux camarades à tête de bois pourraient nous raconter s'ils se décidaient à parler ! De quelles comédies et tragédies insoupçonnées ont-ils été les témoins ! Combien de larmes amères ont été versées dans le coussin de ce vieux sofa ? Que de chuchotements passionnés le canapé a-t-il entendus ?

À mes yeux, les meubles neufs n'ont aucun charme. Ce sont les vieilles choses que nous aimons – les vieux visages, les livres anciens, les plaisanteries éculées. On peut créer un palais avec des meubles neufs, mais il en faut de vieux pour faire un foyer. Pas vieux en soi (ils le sont en général dans les pensions), mais vieux pour nous, dans le sens où nous les fréquentons depuis longtemps et où nous avons des souvenirs communs avec eux. Quel que soit son âge, le mobilier des appartements meublés est nouveau pour nous et nous craignons de ne pas nous y habituer. Comme dans le cas de nouvelles rencontres, qu'elles soient de bois ou de chair (il y a parfois bien peu de différence entre les deux espèces), vous ne voyez d'abord que les défauts. L'armature en bois noueux et le revêtement en crin de cheval luisant de la causeuse n'invitent pas à la causette. Le miroir est piqué, le tapis usé, et les rideaux manquent de nettoyage. Il semble que la table n'attende que de supporter un objet pour s'effondrer. L'âtre est lugubre, le papier peint hideux.

Le plafond paraît constellé d'éclaboussures de café, et les bibelots… les bibelots sont encore pires que le papier peint.

Une usine spéciale et secrète doit sûrement, quelque part, fabriquer les bibelots des pensions de famille. On trouve exactement les mêmes dans tous les meublés du royaume, et nulle part ailleurs. Il y a ces deux… – comment ça s'appelle, déjà ? – posés sur la cheminée, pas loin de tomber, d'où pendent de longs éclats de verre triangulaires qui s'entrechoquent et vous donnent la chair de poule. Dans les chambres de catégorie inférieure, ces œuvres d'art côtoient des pièces de porcelaine représentant une vache assise sur ses pattes arrière, à moins que ce ne soit la copie du temple de Diane à Éphèse, ou encore un chien, libre à vous d'imaginer ce que vous voulez. Quelque part dans la pièce, vos yeux se posent sur un objet d'aspect écœurant, que vous prenez d'abord pour un tas de mie de pain abandonné par un enfant, mais qui après examen ressemble plutôt à un cupidon inachevé. C'est ce que la logeuse appelle une statue. Et puis il y a l'abécédaire que broda une parente demeurée, un tableau des « Huguenots », deux ou trois textes bibliques et le certificat encadré sous verre prouvant que le père a été vacciné ou qu'il est membre de telle ou telle confrérie.

Après avoir examiné ces diverses attractions, vous demandez d'un ton lugubre le montant du loyer.

« C'est plutôt une bonne affaire, faites-vous remarquer en entendant le chiffre.

– Eh bien, pour tout vous dire, répond la propriétaire dans un accès de franchise, j'ai toujours eu… (là, elle mentionne une somme bien plus importante), et avant j'avais… (un chiffre encore supérieur). »

On frissonne de penser qu'un loyer d'il y a vingt ans pouvait coûter ce prix. Et l'on se sent honteux chaque fois qu'une logeuse nous informe, au moment où la conversation tombe sur ce sujet, qu'elle obtenait auparavant pour ses chambres le double de ce que nous payons. Soit les jeunes locataires de la génération précédente appartenaient à une classe plus aisée que la nôtre, soit ils se ruinaient. À l'époque, j'aurais vécu dans une mansarde.

C'est curieux d'ailleurs : en matière de logement, la règle qui prévaut dans la vie est inversée. Plus vous vous élevez dans le monde, plus vous descendez dans la maison. Sur l'échelle de l'habitat, le pauvre est en haut, et le riche en bas. Vous commencez sous les combles et faites votre chemin jusqu'au premier étage.

De nombreux grands hommes vécurent dans des mansardes et certains même y moururent.

Les greniers, d'après le dictionnaire, sont des « endroits où l'on entrepose les rebuts », et le monde y a bel et bien entreposé les siens de temps en temps. Ses prédicateurs, ses peintres et ses poètes, ces hommes au front large qui allaient faire de grandes découvertes, ces hommes aux yeux fiévreux qui allaient dire des vérités que personne ne voudrait entendre, ce sont les rebuts que le monde dissimule dans ses greniers. Haydn y grandit et Chatterton y connut la faim. Addison et Goldsmith y écrivirent. Faraday et De Quincey en étaient familiers. Le docteur Johnson, en vieux et vigoureux soldat de fortune, habitué aux épreuves et peu soucieux de lui-même, y campait volontiers dans un lit gigogne, où il dormait d'un sommeil profond – trop profond parfois. Dickens y passa sa jeunesse, Morland ses vieux jours – des vieux jours prématurés dans une brume d'ébriété. Hans Andersen, le roi des fées, imagina ses douces fantaisies sous des toits pentus. Ce pauvre Collins au cœur inconstant posait la tête sur leurs tables branlantes. Et le prude Benjamin Franklin, et ce fou de Savage, très perturbé quand il avait les moyens de se payer un lit plus confortable qu'un paillasson, et le jeune Bloomfield, et « Bobby » Burns, et Hogarth, et Watts l'ingénieur… la liste est infinie. Depuis que les habitations humaines font plus de deux étages, la mansarde a été la pépinière des génies.

Quiconque éprouve du respect pour l'aristocratie de la pensée ne peut pas avoir honte de les fréquenter. Leurs murs tachés d'humidité sont chers à la mémoire des grands noms. Si toute la sagesse du monde et tout son art (tout le butin arraché à la nature, le feu volé au ciel) étaient rassemblés puis répartis en tas, et que nous puissions les montrer en disant par exemple : ces puissantes vérités furent révélées dans un *salon* brillant au milieu des rires perlés et des regards étincelants ; et ce vaste savoir fut accumulé dans le bureau silencieux, où le buste de Pallas pose son regard serein sur les étagères au parfum de cuir ; et ce tas-là vient de la rue encombrée ; et celui-là du champ de marguerites… eh bien, le tas qui dominerait tous les autres, comme la montagne domine les collines, serait celui dont on dirait : cette pile, la plus noble de toutes, ces tableaux extraordinaires et cette musique merveilleuse, ces mots retentissants, ces pensées profondes, ces actions audacieuses furent conçus et créés parmi la misère et la douleur, dans la crasse sordide de la mansarde de la ville. Là, de leur nid d'aigle, alors que le monde s'agitait en bas, ces princes parmi les hommes envoyèrent leurs pensées pour qu'elles déploient leurs ailes à travers les âges. Là, où le soleil entrant à flots par les vitres cassées tombait sur des parquets moisis et des murs décrépits ; là, de leurs trônes éminents, ces Jupiter en haillons lancèrent leur foudre et ébranlèrent le monde jusque dans ses fondations.

Entasse-les dans tes mansardes, oh, monde ! Enferme-les, tourne la clé de la pauvreté et veille à souder les barreaux. Qu'ils passent leur vie de héros à se ronger les sangs dans leur cage étroite. Qu'ils crèvent de faim, qu'ils dépérissent et qu'ils meurent. Ris donc en entendant leurs poings marteler la porte et continue ta route dans le bruit et la poussière en les laissant derrière toi, oubliés.

Mais prends garde qu'ils ne reviennent te mordre. Tous, au moment de mourir, ne chantent pas, comme le cygne de la fable, de douces mélodies ; parfois, ils crachent du venin – du venin qu'il te faudra inhaler, que tu le veuilles ou non, car même si tu entraves leurs membres, tu ne réussiras pas à sceller leurs lèvres. Tu peux verrouiller la porte, mais ils ouvrent tout grand leurs fenêtres branlantes et crient si fort par-dessus les toits des maisons qu'ils sont sûrs d'être entendus. Tu as enfermé Rousseau dans la plus misérable des mansardes de la rue Saint-Jacques et tu t'es moqué de ses hurlements de colère. Mais son timbre flûté et ténu a enflé jusqu'à devenir le grondement menaçant de la

Révolution française, et la civilisation tremble encore à ce jour sous les échos de sa voix.

Quant à moi, j'aime bien les greniers. Pas pour y vivre, non. En tant que résidence, ils sont assez incommodes. Toutes ces marches à monter et à descendre rappellent trop le moulin de discipline. On se cogne sans arrêt contre les murs pentus, mais pas moyen de se raser correctement. Et la mélodie d'amour que miaule le chat de gouttière dans le silence de la nuit devient insupportable quand on l'entend de si près.

Non, pour habiter, je choisirais un appartement au premier étage d'une demeure de Piccadilly (si seulement j'avais le choix !), mais pour réfléchir, je préfère un grenier au dixième étage dans le quartier le plus populeux de la ville. Je partage l'affection que Herr Teufelsdrockh porte aux mansardes. Leur hauteur confine au sublime. J'aime « m'asseoir à mon aise et regarder le nid de guêpes en contrebas », écouter le murmure sourd de la marée humaine qui va et vient sans cesse dans les rues et les allées étroites. Comme les hommes semblent petits de là-haut ; on dirait une colonie de fourmis s'usant dans un chaos sans fin sur leur petit dôme ! Ils s'agitent et s'affairent pour un travail qui paraît si dérisoire ! Et avec quelle puérilité ils se bousculent et se retournent pour montrer les dents ou les griffes ! Ils jacassent, hurlent et jurent, mais leurs voix aigrelettes ne portent pas jusque là-haut. Ils se tracassent, s'énervent, enragent, s'essoufflent et meurent, « mais moi, *mein* Werther, je suis assis au-dessus de tout ça ; je suis seul avec les étoiles ».

Je partageai autrefois une mansarde des plus extraordinaires. De toutes les conceptions excentriques (que l'on songe au Bradshaw ou au dédale de Hampton Court), cette chambre détenait la palme. Elle était sûrement l'œuvre d'un génie, même si je ne puis m'empêcher de penser que les talents de l'architecte auraient été mieux employés à créer des puzzles. Aucune figure euclidienne ne pourrait donner une idée de cet appartement. Il contenait sept coins, deux murs penchaient et la fenêtre se trouvait juste au-dessus de la cheminée. Le lit ne tenait qu'entre la porte et le placard, si bien qu'on devait le traverser à quatre pattes pour chercher ses affaires. Tant de choses tombaient et se perdaient alors entre draps et couvertures qu'au moment du coucher il ressemblait à un petit magasin coopératif. Le charbon, surtout, s'y trouvait en abondance. Nous l'entreposions dans le bas du placard, et quand nous en avions besoin, nous devions ramper sur le lit, prendre une pelletée puis ramper dans l'autre sens. Arrivé au centre du matelas, la tension était à son comble. La respiration coupée, le regard rivé à la pelle, nous

nous préparions à esquisser le dernier mouvement. Las ! l'instant d'après, les morceaux de charbon, nous-mêmes, la pelle et le lit ne formions plus qu'un tout.

Certains prêtent des vertus aux lits de charbon. Nous avons dormi dans l'un d'eux toutes les nuits sans en ressentir les bienfaits.

Mais notre mansarde, quoique unique en son genre, n'avait pas épuisé le sens de l'humour de son architecte. L'agencement de la maison entière était une merveille d'originalité. Toutes les portes ouvraient vers l'extérieur, et tant pis pour vous si quelqu'un sortait d'une chambre au moment où vous descendiez l'escalier. Il n'y avait pas de rez-de-chaussée – ce qui aurait dû en tenir lieu appartenait à une maison voisine, et la porte d'entrée donnait directement sur l'escalier de la cave. Les visiteurs avaient juste le temps de croiser la personne qui leur avait ouvert avant de dégringoler au bas des marches. Les plus anxieux s'imaginaient qu'on leur avait tendu un piège, et, couchés sur le dos en bas, criaient à l'assassin jusqu'à ce qu'on vienne les aider à se relever.

Voilà bien longtemps, à présent, que je n'ai pas revu l'intérieur d'une mansarde. J'ai essayé différents étages depuis, sans constater beaucoup de différence. La vie a sensiblement le même goût, qu'on la boive dans une coupe en or ou dans un bol en pierre. Les heures, où qu'on les attende, arrivent chargées du même mélange de joie et de souffrance. Qu'importe au cœur en peine que son gilet soit de drap fin ou de futaine ? Et nous ne rions pas plus fort sur des coussins de velours que sur des chaises en bois. J'ai souvent soupiré dans ces chambres au plafond bas, mais les déceptions n'ont pas été moins nombreuses ni plus légères depuis que je les ai quittées. La vie fonctionne selon un système de compensation : ce qu'on gagne en bonheur d'un côté, on le perd de l'autre. Nos désirs augmentent avec nos moyens, et l'on finit toujours par se retrouver à mi-chemin entre les deux. Quand nous habitions dans une mansarde, nous appréciions un dîner de poisson frit, arrosé de bière brune. Depuis que nous sommes installés au premier étage, seul un souper fin au Continental peut nous apporter le même degré de satisfaction.

DE L'HABIT
ET DE L'ATTITUDE

ON DIT (ceux qui le disent devraient avoir honte) que la conscience d'être bien habillé remplit le cœur humain d'un bonheur que la religion est incapable d'offrir. Je crains que ces cyniques aient quelquefois raison. Quand j'étais jeune homme (il y a très, très longtemps, selon la formule consacrée par les contes) et que je voulais me remonter le moral, j'enfilais mes plus beaux vêtements. À la moindre contrariété – si ma blanchisseuse m'avait congédié, par exemple, si mon poème en vers libres m'avait été retourné pour la dixième fois, avec les compliments de l'éditeur et ses « regrets de ne pouvoir, par manque de place, profiter de cette généreuse proposition », ou si j'avais été éconduit par la femme que j'aimais comme aucun homme n'avait aimé avant… C'est extraordinaire, d'ailleurs, qu'il existe autant de façons d'aimer. Nous aimons tous comme personne auparavant. Je me demande comment feront nos arrière-petits-enfants. Devront-ils aimer la tête en bas, s'ils persistent à refuser toute méthode existante ?

Bref, comme je le disais, quand ce genre de désagrément m'arrivait et que je me sentais abattu, j'enfilais mes plus beaux vêtements et je sortais. Rien de tel pour restaurer une estime de soi défaillante. Coiffé d'un nouveau chapeau étincelant et vêtu d'un pantalon à pli (que je prenais soin de placer sous mon lit – pas par terre, non, mais entre le sommier et le matelas, pour conserver le pli), je me sentais quelqu'un. Il y avait d'autres blanchisseuses, songeais-je, et même d'autres filles à aimer, qui apprécieraient un jeune homme intelligent et bien mis. Je m'en moquais pas mal, j'étais ainsi fait, téméraire. Je courtiserais d'autres demoiselles. Vêtu de cette manière, je m'en sentais capable.

Car les vêtements comptent pour beaucoup dans la séduction. Ils donnent un avantage décisif dans la bataille. C'est du moins ce que croit le jeune homme, et il lui faut en général deux heures pour se préparer avant l'événement. Pendant la première demi-heure, il hésite entre son costume clair avec sa canne et son feutre beige, et sa queue-de-pie noire avec son haut-de-forme et son nouveau parapluie. Dans l'un ou l'autre cas, il est sûr de prendre la mauvaise décision. S'il choisit le costume clair et se munit de la canne, il se mettra à pleuvoir : arrivé trempé et couvert de boue, il passera ensuite la soirée à essayer de dissimuler ses bottes. Si, en revanche, il opte pour le haut-de-forme et le parapluie – personne n'aurait l'idée de sortir en haut-de-forme sans parapluie ; ce serait comme de laisser bébé (quelle chance pour lui !) aller trottiner sans sa nurse. Si vous saviez à quel point je déteste les hauts-de-forme ! Tous ceux que j'ai eus m'ont duré longtemps, vous pouvez me croire. Je n'en porte que… mais peu importe. Chaque fois, il me dure très longtemps, disais-je. Celui que je porte actuellement a cinq ans. Il faisait un peu vieillot l'été dernier, mais sa forme est de nouveau à la mode et à présent je suis très chic.

Mais revenons-en à notre jeune homme et à ses manœuvres de séduction. S'il sort avec le haut-de-forme et le parapluie, l'après-midi devient étouffant, la sueur fait dégouliner toute la cire de sa moustache et transforme les accroche-cœurs artistement arrangés sur son front en mèches molles qui ne sont pas sans évoquer un tas d'algues. Le Destin n'est jamais favorable à ce pauvre diable. Si, par chance, il arrive devant la porte avec une allure présentable, la jeune fille est sortie avec son cousin et ne rentrera pas avant une heure avancée.

Le jeune amant, que l'aspect disgracieux du costume moderne rend ridicule, doit beaucoup envier les galants pimpants d'il y a soixante-dix ans ! Regardez-les (sur les cartes de Noël), avec leurs cheveux bouclés et leurs chapeaux élégants, leurs jambes bien galbées fourrées dans leurs petites bottes à la hussarde, leurs chemises à jabot, leurs cannes et leurs breloques. Pas étonnant que la petite jeune fille d'antan, avec sa capote à longue passe et sa ceinture d'étoffe bleu clair, baisse les yeux, conquise. Dans des tenues pareilles, les hommes pouvaient ravir des cœurs. Mais qu'attendre d'un pantalon bouffant et d'une veste courte ?

Les vêtements ont plus d'influence sur nous que nous ne l'imaginons. Notre attitude en dépend. Affublez un homme de guenilles, et il avancera la tête basse, en rasant les murs, comme s'il allait chercher la bière dont il soupera. Mais parez le même individu de beaux atours et de lin délicat, et il se pavanera dans la grand-rue en moulinant de la canne et en regardant les filles, aussi guilleret qu'un coq nain.

Les vêtements transforment même notre caractère. Avec une plume à son chapeau, un poignard à sa ceinture et plein de froufrous blancs à ses manches, un homme ne pourra s'empêcher d'être hardi et féroce. Mais vêtu d'un macfarlane, il a seulement envie de se cacher derrière un réverbère et d'appeler la police.

Je suis tout à fait prêt à admettre que l'on peut trouver du mérite, de l'honnêteté, de l'affection et toutes les autres vertus de l'école traditionnelle anglaise, en quantité égale, voire supérieure, sous du tissu de drap ou de tweed, qu'il y en eut jamais sous le velours et la soie ; mais pour ressusciter d'entre les plis poussiéreux des tapisseries ou les pages moisies des vieilles chroniques cet esprit chevaleresque qui « disputait une joute pour l'amour d'une belle » ou « combattait pour les sourires d'une dame », il faut le fracas du métal qui s'entrechoque et le bruissement des panaches.

Le monde doit se faire vieux, je crois. Il s'habille de manière si austère ! Durant sa petite enfance, l'humanité courait pieds nus, seulement vêtue d'une longue robe ample. Ensuite est arrivée l'époque barbare, l'enfance de notre espèce. Nous nous moquions alors de ce que nous portions ; nous nous plaisions à nous tatouer tout le corps et à nous laisser pousser les cheveux. Puis en grandissant le monde est devenu un jeune dandy. Paré de boucles ondoyantes et de pourpoints écarlates, il partait faire sa cour, se montrer, parader – se donnait en spectacle.

Mais ces jours joyeux et fous de la jeunesse sont tous révolus. Aujourd'hui nous sommes très sérieux et sensés (ou très stupides, diront certains). Le monde est un homme mûr et rangé, en ce XIXe siècle, qui serait choqué de se voir affublé d'une tenue un peu recherchée. Il porte donc manteau et pantalon noirs, chapeau noir, bottes noires, tellement il est respectable – et dire qu'il se baladait autrefois dans toutes les couleurs extravagantes du troubadour ou du chevalier errant ! Ah, eh bien, nous sommes plus raisonnables à notre âge.

Ou du moins le croyons-nous. D'après une théorie actuellement en vogue, la raison et la monotonie vont de pair.

La vertu est une autre des qualités toujours associées au noir. Les gens très vertueux, vous remarquerez, s'habillent en noir de pied en cap (sous peu, ils adopteront la chemise noire). Les gens moyennement vertueux osent en semaine le pantalon de couleur claire, et certains vont même jusqu'à porter des gilets fantaisie. En revanche, ceux qui se moquent de leur avenir se promènent en costume clair, et l'on a même vu des scélérats assez débauchés pour coiffer un chapeau blanc. C'est cependant un sujet que l'on tait dans la bonne société, et peut-être n'aurais-je pas dû le mentionner.

En parlant de costumes clairs, avez-vous remarqué à quel point les gens vous observent quand vous en étrennez un ? Ensuite, ils s'habituent. La population de Londres n'y prête plus attention la troisième fois que vous le portez. Je dis « vous », parce que je ne parle pas d'expérience. Moi, je ne mets pas ce genre de vêtements. Comme je l'ai dit, seuls les pécheurs les portent.

Je le regrette, d'ailleurs ; quel dommage qu'on ne puisse pas être vertueux, respectable et raisonnable sans ressembler à un épouvantail ! Lorsqu'il m'arrive d'apercevoir dans le miroir mes deux longs sacs cylindriques (tout froissés aux genoux), mon col montant et mon chapeau melon, je me demande de quel droit j'enlaidis ainsi le monde créé par Dieu. Il me vient des idées folles et pernicieuses. Au diable la vertu et la respectabilité (quant à être raisonnable, je ne le serai paraît-il jamais, alors peu importe). J'ai envie d'enfiler des chausses couleur lavande, une culotte de velours rouge et un pourpoint vert rayé de jaune ; d'avoir une cape de soie bleu clair à l'épaule, une plume d'aigle noir à mon chapeau, une grande épée, un faucon, une lance et un cheval caracolant, afin que le regard des passants s'illumine à mon passage. Pourquoi nous évertuons-nous tous à ressembler à des fourmis grouillant sur un tas de poussière ? Pourquoi ne pas mettre un peu de gaieté dans nos vêtements ? Nous serions plus heureux, j'en suis sûr. Certes, c'est bien peu de chose, mais nous sommes nés de petite race, alors pourquoi prétendre le contraire et jouer les rabat-joie ? Que les philosophes s'habillent comme de vieux corbeaux si ça les chante. Moi, je veux être un papillon.

Les femmes, quoi qu'il en soit, devraient soigner leur mise. C'est leur devoir. Elles sont les fleurs de la terre et sont faites pour le montrer. Nous les dénigrons beaucoup, nous les hommes, mais Dieu sait que notre vieux monde serait encore plus terne sans leurs robes et leurs jolis visages. Elles sont comme des rayons de soleil qui illuminent chaque lieu où elles pénètrent ! Quelle lumineuse agitation elles (des parentes, bien sûr) causent dans nos appartements miteux de célibataires ! Et quel charmant bazar créent leurs rubans et leurs dentelles, leurs gants et leurs chapeaux, leurs ombrelles et leurs mouchoirs ! Comme si un arc-en-ciel était passé nous rendre visite.

C'est l'un des principaux charmes de l'été, à mon avis, que ces jolies couleurs arborées par nos petites demoiselles. J'adore voir le rose, le bleu et le blanc briller entre les arbres, pointiller les champs et réfléchir le soleil. Les couleurs vives se voient de loin. À l'instant même, j'aperçois par la fenêtre quatre robes blanches monter une colline. Je les distingue clairement, même à cinq kilomètres de distance. Au début, je les ai confondues avec des bornes kilométriques parties faire la fête. C'est si plaisant de voir les chéries tout là-bas. Surtout quand il s'agit de votre femme et de votre belle-mère.

En parlant de champs et de bornes, ça me rappelle que j'ai une remarque très sérieuse à faire à propos des bottines féminines. Toutes les femmes de ces îles portent des bottines trop grandes pour elles, faute d'en trouver une paire à leur taille. Les bottiers ne fabriquent pas de pointures assez petites.

Combien de fois n'ai-je pas vu une femme s'asseoir sur la barre supérieure d'un échalier et déclarer qu'elle n'irait pas plus loin, parce que ses bottines lui faisaient trop mal ? Et c'est toujours la même complainte : elles sont trop grandes.

Il est temps de remédier à cette situation. Au nom des pères et des maris d'Angleterre, j'appelle les bottiers à s'amender. Nos épouses, nos filles et nos cousines ne peuvent se laisser estropier et torturer en toute impunité. Pourquoi n'y a-t-il pas davantage de pointures 18 en stock ? C'est celle que chaussent la plupart des femmes.

Un autre accessoire du costume féminin souffre du même mal : la ceinture, elle aussi toujours trop grande. Les couturiers ont la manie de les faire si lâches que les crochets et œillets qui les attachent craquent de temps à autre dans un bruit de tonnerre.

Je ne comprends pas pourquoi les femmes tolèrent ça ; pourquoi elles n'insistent pas pour qu'on leur taille des vêtements suffisamment petits. Ce n'est pourtant pas qu'elles se moquent d'un sujet aussi trivial que l'habillement, puisque c'est le seul auquel elles pensent vraiment. Si vous voyez deux femmes ensemble, vous pouvez parier votre dernier dollar qu'elles discutent toilettes (les leurs et celles de leurs amies). Vous remarquez deux êtres juvéniles en train de converser près d'une fenêtre. Curieux de savoir quelles paroles douces et doctes sortent de leurs lèvres sacrées, vous vous approchez et entendez :

« J'ai donc repris la ceinture, et elle tombe parfaitement.

– Finalement, dit l'autre, je vais mettre mon corsage prune pour aller chez les Jones, avec un plastron jaune. Et j'ai vu des gants ravissants chez Puttick, qui ne coûtent qu'une bouchée de pain. »

Un jour, j'ai fait une promenade en voiture dans le Derbyshire avec deux dames. La campagne était magnifique, et elles ont passé un excellent moment. Elles n'ont pas arrêté de parler chiffon.

« Jolie vue, disais-je, désignant le paysage à la ronde de la pointe de mon parapluie. Regardez ces collines bleutées là-bas ! Et ce petit point blanc, niché dans les bois, c'est Chatsworth, et là-bas…

– Oui, vraiment très joli, répondait l'une. Eh bien, pourquoi ne pas acheter un mètre de soie ?

– Quoi, et laisser la jupe exactement telle qu'elle est ?

– Parfaitement. Comment s'appelle cet endroit, déjà ? »

Chaque fois que j'attirais leur attention sur les merveilles qui se déroulaient sans cesse devant nous, elles y jetaient un regard en disant « charmant », « adorable », puis recommençaient à s'extasier sur leurs petits mouchoirs et à regretter que les ourlets à jour sur la batiste ne fussent plus ce qu'ils étaient.

Deux femmes perdues sur une île déserte passeraient leur journée à débattre des mérites comparés des coquillages et des œufs d'oiseaux utilisés comme passementerie, et lanceraient tous les mois une nouvelle ligne en feuille de vigne.

Les très jeunes gens pensent aussi beaucoup aux vêtements, bien qu'ils n'en parlent pas entre eux. Ils n'y sont pas encouragés. Le dandy n'est pas apprécié des autres hommes. À mon avis, il s'attire même plus d'injures que nécessaire, puisque son défaut, inoffensif, passe assez vite. De plus, un homme qui, à vingt ans, est dénué de tout penchant pour l'élégance deviendra à quarante un être négligé, au col sale et au manteau froissé. Un peu de coquetterie chez un jeune homme est une bonne chose ; rien que de très humain. J'aime bien voir un jeune coq hérisser ses plumes, tendre le cou et pousser son cocorico comme si le monde lui appartenait. En revanche, j'apprécie peu l'homme modeste et effacé. D'ailleurs, personne ne l'apprécie – quoi que les gens racontent sur la valeur de la modestie et sur ces autres choses auxquelles ils ne comprennent rien.

On a bien tort d'afficher en ce monde une attitude de docilité. Le père d'Uriah Heep devait très mal juger de la nature humaine, sans quoi il n'aurait pas dit à son fils que les gens appréciaient l'humilité. En règle générale, rien ne les agace davantage. Les bagarres sont le sel de la vie ; or il est impossible de se bagarrer avec des gens dociles. Ils désamorcent notre colère, alors que nous cherchons au contraire à l'expulser. Une fois que, écumant d'une rage grisante, nous entrevoyons le plaisir que nous tirerions d'une bonne prise de bec, ils gâchent tout avec leur humilité exaspérante.

La vie de Xanthippe dut être un long calvaire, attachée qu'elle était à cet homme au calme irritant : Socrate. Imaginez une épouse contrainte de vivre jour après jour au côté de son mari sans pouvoir se disputer une seule fois avec lui ! Tout de même, messieurs, un peu d'égard pour vos femmes.

Dieu sait que leur quotidien est rasoir, à ces pauvres filles, privées qu'elles sont de toutes nos distractions. Elles n'assistent à aucune réunion politique, ne siègent pas au parlement amateur du coin, sont exclues des wagons fumeurs du métro et ne lisent jamais de journal satirique

– ou quand elles en croisent un, personne ne leur dit qu'il est satirique.

Avec une existence aussi tristement vide que la leur, nous pouvons tout de même bien leur offrir une petite querelle de temps en temps pour les distraire, même si nous-mêmes n'y sommes pas enclins. C'est du moins ce à quoi se conforme un homme sensé, et il n'en est que plus aimé en retour, car ces petites marques de bonté vont droit au cœur des femmes. Ce sont ces preuves d'affection désintéressée qui leur font ensuite dire à leurs amies quel bon mari il était – après sa mort.

Non, la pauvre Xanthippe n'eut sûrement pas la vie facile. L'épisode du seau fut particulièrement triste pour elle. La pauvre ! Elle qui croyait réussir à l'énerver un peu. Elle avait pris la peine de remplir un seau ; elle avait peut-être même parcouru un long chemin pour trouver de l'eau très boueuse. Et elle l'avait attendu. Tout ça pour se faire recevoir de cette manière ! Il y a fort à parier qu'elle s'assit ensuite pour pleurer un bon coup. La situation devait lui paraître sans espoir, à cette pauvre enfant ; et pour autant qu'on sache, elle n'avait pas de mère à qui aller raconter tout le mal qu'elle pensait de lui.

Que lui importait que son mari fût un grand philosophe ? Dans un mariage, la grande philosophie compte pour rien.

Autrefois, un très bon petit garçon voulut s'embarquer sur un bateau. Le capitaine lui demanda ce qu'il savait faire. Il répondit qu'il pouvait réciter les tables de multiplication à l'envers et coller des algues dans un cahier, qu'il savait combien de fois le mot « engendra » apparaissait dans l'Ancien Testament et connaissait par cœur *Le Garçon sur le pont en flammes* et *Nous sommes sept* de Wordsworth.

« C'est bien joli, tout ça, dit le vieux loup de mer. Mais est-ce que tu sais porter du charbon ? »

Il en va de même quand vous voulez vous marier. Les grandes aptitudes sont moins nécessaires que les petites compétences pratiques. L'intelligence est au rabais dans l'état matrimonial. Il y a si peu de demande qu'elle n'est même pas cotée. Nos épouses nous évaluent à l'aune de critères qui leur sont propres, et un cerveau brillant n'entre pas en ligne de compte. Dites-vous bien, cher lecteur, que votre douce et tendre n'est pas impressionnée pas votre intellect ou votre talent – pas le moins du monde. Elle veut simplement un homme capable de faire correctement les courses, sans se croire obligé de donner son avis sur la question ni prendre aucune autre initiative de ce genre, un homme capable de tenir un bébé dans le bon sens et de s'abstenir de toute remarque désobligeante si le rôti est tiède. Voilà le genre de mari qu'apprécie une femme sensée, pas un de ces savants ou littérateurs casse-pieds, qui perturbent toute la maisonnée et agacent tout le monde avec leurs sottises.

DE
LA MÉMOIRE

Je me souviens, je me souviens,
Durant les jours froids de novembre,
Le corbeau sur…

J'ai oublié la suite. C'est le premier poème que j'appris, si l'on excepte

Eh, tralali, tralalon,
Le chat et le violon…

Ce dernier ne compte pas, vu son caractère frivole et son absence de qualités purement poétiques. La récitation de « Je me souviens, je me souviens » me rapporta quatre pence. Je sus que c'était quatre pence, parce qu'on m'expliqua que si j'en économisais deux de plus, ça me ferait six pence, argument qui, bien qu'irréfutable, ne me toucha guère ; aussi l'argent fut-il dilapidé dès le lendemain matin (si je me rappelle bien) ; mais en quoi ? Mystère.

Il en va ainsi de la mémoire : elle ne nous renvoie que des images incomplètes. Comme une enfant capricieuse, elle casse tous ses jouets.

Je me souviens d'être tombé, petit garçon, dans un trou creusé dans la terre, mais je n'ai aucun souvenir d'en être ressorti ; s'il ne fallait se fier qu'à la mémoire, je serais porté à croire que j'y suis toujours.

Une autre fois (quelques années plus tard), je tins un rôle dans une scène d'amour extrêmement prometteuse, mais la seule chose dont je me souvienne avec précision, c'est qu'au moment crucial quelqu'un ouvrit la porte et déclara : « Emily, on vous demande », d'une voix d'outre-tombe qui laissait penser que la police était venue l'arrêter. Tous les mots tendres qu'elle m'avait dits et toutes les belles choses que moi j'avais dites sont tombés dans l'oubli.

À la considérer avec du recul, la vie entière, au fond, ressemble à une ruine : une colonne cassée sur quoi reposait un imposant portail ; le cadre brisé d'une fenêtre en lieu et place de la chambre de ma belle ; un tas de pierres noircies où dansaient autrefois les flammes étincelantes, et le tout recouvert des reflets argentés du lichen et du vert grimpant du lierre.

Tout paraît agréable sous la brume apaisante du temps. Même la tristesse passée semble douce. Nos années d'enfance nous paraissent dorénavant très joyeuses : ce n'était que cueillette de noix, jeux de cerceaux et pain d'épice. Oubliées, les remontrances, les rages de dents et les conjugaisons latines – surtout les conjugaisons. Nous nous persuadons que nous étions si heureux d'être de jeunes blancs-becs amoureux que nous voudrions aimer de nouveau. Nous ne pensons jamais à la souffrance, aux nuits sans sommeil, à notre gorge sèche et brûlante lorsqu'elle nous déclarait qu'elle ne serait jamais pour nous autre chose qu'une sœur – comme si un homme avait besoin de sœurs en plus !

Oui, la luminosité nous éblouit quand nous regardons en arrière. Le soleil ne projette pas d'ombres sur le passé. La route que nous avons parcourue s'étire, dégagée, derrière nous. Nul caillou coupant à l'horizon. Nous ne nous attardons que sur les roses au bord du chemin, et les ronces qui nous ont écorchés ne nous semblent plus, de loin, que de tendres vrilles agitées par le vent. Réjouissons-nous qu'il en soit ainsi, que la chaîne ininterrompue de la mémoire ne soit faite que de plaisants chaînons, et que le chagrin et l'amertume du jour ne suscitent plus le lendemain que des sourires.

Ce qui brille apparaît aussi comme le meilleur et le plus élevé, de sorte qu'au moment où nos petites vies sombrent dans l'océan noir de l'oubli, ce qu'il y a de plus léger et de plus joyeux surnage et flotte à la surface pendant longtemps, alors que les pensées amères et les douleurs cuisantes sont englouties par les vagues et qu'elles ne nous troublent plus.

Cet éclat du passé est, je suppose, ce qui pousse les personnes âgées à raconter tant d'âneries sur leur jeunesse. À les entendre, le monde était meilleur à l'époque, les choses étaient plus conformes à ce qu'elles doivent être. Les garçons étaient des garçons, et les filles, très différentes. Les hivers ressemblaient à des hivers, et l'été n'était pas cette saison désolante qui aujourd'hui nous incommode. Quant aux merveilleuses actions que les gens accomplissaient en ce temps-là, aux événements extraordinaires qui se produisaient, il faudrait de nos jours trois hommes forts pour y croire à moitié.

Je m'amuse à écouter l'un de ces vieux garçons en parler à un groupe de gamins dont il sait qu'ils ne pourront pas le contredire. À tous les coups, il finira par jurer que, du temps de son enfance, la lune brillait toutes les nuits, et qu'à l'école le lancer de taureaux en furie était le sport favori.

Il en a toujours été ainsi, et personne n'y changera rien. Cette rengaine, les vieux que nos grands-pères ont connus la chantaient déjà, et les jeunes d'aujourd'hui radoteront de même pour exaspérer la génération suivante. « Oh, rendez-moi le bon vieux temps d'il y a cinquante ans ! » entend-on depuis le cinquante et unième anniversaire d'Adam. Prenez la littérature de 1835, et vous verrez les poètes et les romanciers faire le même vœu irréaliste que les *Minnesinger* allemands avant eux et que les auteurs des vieilles sagas islandaises encore avant. Les premiers prophètes et les philosophes de la Grèce antique soupiraient pour les mêmes raisons. À en croire toutes les sources historiques, le monde, depuis sa création, est allé de mal en pis. Tout ce que je peux dire, c'est que l'endroit devait être particulièrement délicieux à son ouverture au public, car il est resté très plaisant aujourd'hui encore, pour peu qu'on profite au maximum du soleil et qu'on supporte la pluie de bonne grâce.

On ne peut cependant pas nier que notre univers était sans doute plus agréable dans la rosée du matin de la création. Jeune et frais, il n'avait pas encore été piétiné par des millions de pas, et le vacarme des myriades de villes n'avait pas pour toujours chassé le silence. Quelle noble vie que celle des pères de la race humaine, lesquels allaient pieds nus, vêtus d'une ample toge, marchant main dans la main avec Dieu sous le ciel immense. Ils vivaient sous des tentes caressées par le soleil, au milieu du meuglement des troupeaux, et la Nature aimante pourvoyait à leurs modestes besoins. Ils travaillaient, parlaient et pensaient ; et la vaste terre, qui n'était pas encore chargée de détresse et d'injustice, tournait en toute sérénité.

De tels jours sont sans retour. L'enfance paisible que l'humanité passa dans les clairières des forêts reculées et au bord de rivières chantantes est définitivement révolue ; et la vie humaine s'enfonce dans l'âge adulte au milieu du tumulte, du doute et de l'espérance. Cette époque de paix indolente est derrière elle. L'homme a une tâche à accomplir et il n'a pas de temps à perdre. De quelle nature peut-elle bien être ? Quel rôle ce monde-ci joue-t-il dans le grand dessein ? Nous l'ignorons, bien que nos mains inconscientes participent à son accomplissement. Comme le minuscule polype de corail qui œuvre au fond des eaux noires, chacun de nous se démène pour atteindre ses propres petits objectifs, sans rêver à la vaste structure que nous construisons pour Dieu.

Finissons-en avec les regrets inutiles et la nostalgie des jours enfuis. Notre tâche se trouve devant nous, non pas derrière. « En avant ! » : voilà notre devise. Ne restons pas là les bras croisés, à contempler le passé comme une œuvre achevée, alors qu'il n'en forme que les fondations. Ne perdons pas courage et ne gâchons pas notre vie à penser à ce qui aurait pu être en oubliant ce qui nous attend peut-être. Les opportunités nous filent entre les doigts pendant que nous restons assis à regretter les occasions perdues et, obnubilés par le bonheur d'hier, nous en ignorons celui de demain.

Il y a bien des années, quand certains soirs au coin du feu il m'arrivait de m'égarer dans le pays merveilleux des contes de fées, je rencontrai un vaillant et vertueux chevalier. Il avait affronté bien des périls et traversé bien des contrées. Le monde entier le savait courageux et aguerri ; la peur lui était étrangère, sauf, peut-être, en de certaines circonstances où n'importe quel brave a le droit d'avoir peur sans en éprouver nulle honte. Un jour, donc, que ce chevalier chevauchait avec lassitude sur une route ardue, il fut soudain saisi d'effroi et d'appréhension devant les écueils du chemin. De sombres rochers, monstrueusement gros, paraissaient suspendus en équilibre, menaçant de se décrocher et de l'écraser. De part et d'autre s'ouvraient non seulement des gouffres, mais de sombres grottes où vivaient de farouches brigands et de terribles dragons à la mâchoire gorgée de sang. L'obscurité pesait sur la route comme en pleine nuit. Aussi le bon chevalier décida-t-il de ne pas s'aventurer plus avant, mais de chercher un autre itinéraire moins semé d'embûches et plus praticable pour son noble destrier. Cependant, quand il se retourna pour regarder derrière lui, une surprise l'attendait : tout le chemin qu'il venait de parcourir avait disparu, et devant les sabots de son cheval béait un abîme gigantesque, si profond que nul n'eût pu en apercevoir le fond. Alors, comprenant qu'il ne pouvait rebrousser chemin, sir Ghelent, priant le bon saint Cuthbert, éperonna son coursier et s'élança bravement et joyeusement en avant. Il ne lui fut fait aucun mal.

Sur la route de la vie, il est impossible de rebrousser chemin. Le fragile pont du temps sur lequel nous avançons s'effondre dans l'éternité à chacun de nos pas. Le passé a disparu pour toujours. Il a été moissonné et remisé. Il ne nous appartient plus. Impossible de retirer une parole ou de faire un pas en arrière. Tels d'authentiques chevaliers, nous devons chevaucher avec courage, sans pleurer un passé auquel on ne peut rien changer.

Une nouvelle vie commence pour nous à chaque seconde. Marchons gaiement à sa rencontre. Que nous le voulions ou non, puisqu'il nous faut continuer, gardons les yeux braqués vers l'avant et évitons de les tourner vers l'arrière : nous cheminerons ainsi plus à l'aise.

L'autre jour, un ami est venu me rendre visite et m'a exhorté à apprendre une merveilleuse méthode qui permet de ne jamais rien oublier. J'ignore la raison de son empressement, si ce n'est qu'il m'arrive de lui emprunter parfois un parapluie et que j'ai le don de m'exclamer, en pleine partie de whist : « Mon Dieu ! Et moi qui croyais depuis le début que l'atout était à trèfle ! » J'ai cependant décliné sa proposition, quoiqu'il ne manquât pas de m'en vanter les avantages. Mais je n'ai aucune envie de me souvenir de tout. Beaucoup de choses dans la vie de la plupart des hommes méritent d'être oubliées. Autrefois, en telle ou telle circonstance, nous n'avons pas agi de manière aussi honorable et droite que nous l'aurions peut-être dû… je pense à ce malheureux écart que nous avons commis et qui, plus malheureusement encore, a été découvert – cette folie, cette méchanceté, cette faute. Ah, eh bien ! nous en avons payé le prix : pendant des heures lancinantes, nous avons souffert de vains remords, l'atroce brûlure de la honte, le mépris, peut-être, de ceux que nous aimions. Oublions tout ça. Oh, notre Père le Temps, de tes mains bienfaisantes débarrasse nos cœurs déjà trop lourds de ces souvenirs amers, car à chaque jour suffit son malheur et nos forces sont éphémères.

Je ne veux pas dire par là qu'il faille enterrer le passé. La musique de la vie serait muette si les cordes de la mémoire étaient rompues. Déracinez du jardin de Mnémosyne les mauvaises herbes toxiques seules, non les fleurs. Vous souvenez-vous de *L'Homme hanté*, de Dickens, qui avait prié pour obtenir l'oubli puis, sa prière exaucée, avait prié pour recouvrer la mémoire ? Nous ne voudrions pas exorciser tous les fantômes, seulement les spectres aux traits tirés et aux yeux cruels. Que les gentils fantômes viennent nous hanter à leur guise : ils ne nous font pas peur.

Ah, mon Dieu, avec l'âge, le monde se peuple de fantômes. Nul besoin de fréquenter les cimetières lugubres ou les vieilles fermes ceintes de fossés pour voir leurs visages indistincts et entendre dans la nuit le bruissement de leurs vêtements. Chaque maison, chaque pièce, chaque chaise qui craque abrite son propre fantôme. Ils hantent les chambres vides de nos vies, pullulent autour de nous comme des feuilles mortes tourbillonnent dans le vent d'automne. Certains sont vivants, d'autres morts, qui peut savoir ? Il est loin le temps où nous serrions leurs mains dans les nôtres, où nous les aimions, où nous nous disputions avec eux, où nous riions ensemble, où nous leur faisions part de nos pensées et de nos espoirs comme ils partageaient avec nous les leurs, au point que la force de nos liens semblait pouvoir défier le pitoyable pouvoir de la Mort. Ils ont disparu désormais ; pour nous, ils sont perdus à jamais. Leurs yeux ne plongeront plus dans les nôtres et nous n'entendrons plus leurs voix. Seuls leurs fantômes nous rendent visite et nous parlent. Leurs formes pâles et vagues apparaissent à travers nos larmes, nous tendons vers eux nos mains avides et n'étreignons que du vent.

Les fantômes ! Ils nous accompagnent jour et nuit. Ils cheminent à nos côtés dans la rue bruyante, illuminée de soleil. Ils s'assoient près de nous le soir à la maison. Nous apercevons leurs petits visages qui regardent par les fenêtres de la vieille école, nous les croisons dans les forêts et les allées où nous jouions enfants. Écoutez ! N'entendez-vous pas leur rire étouffé derrière les mûriers et leurs cris dans les clairières lointaines ? Là-bas, par-delà les champs silencieux et le long du bois où rôdent les ombres du soir, serpente le chemin où nous l'attendions au coucher du soleil. Regardez, elle est encore là, dans la délicate robe blanche que nous connaissions si bien, ses cheveux bruns lumineux sont tout emmêlés et sa grande capote se balance dans ses petites mains. À cinq cent mille kilomètres ! Morte, pour autant qu'on le sache. Pardon ? Elle est à côté de nous à l'instant même, nous contemplons ses yeux rieurs et nous entendons sa voix. Elle franchira la clôture, près du bois, pour disparaître à jamais et nous nous retrouverons seuls ; les ombres envahiront les champs et le vent de la nuit emportera la complainte du passé. Les fantômes ! Ils sont toujours avec nous ; ils ne nous quitteront pas, alors que les sanglots des longs adieux continueront d'ébranler ce vieux monde triste, que les navires s'éloigneront inexorablement sur les vastes mers et que la terre froide se refermera sur les cœurs de ceux que nous aimions.

Et pourtant, sans vous, chers fantômes, comme le monde serait plus triste ! Venez nous voir et nous parler, fantômes de ceux que nous avons aimés. De nos camarades de jeu, de nos amoureuses, de nos vieux amis, de tous les jeunes garçons et filles rieurs, oh, venez nous voir et restez près de nous, car ici-bas nous sommes seuls. Les nouveaux amis et les nouveaux visages ne remplacent pas les anciens, nous ne pouvons pas les aimer, non, ni rire avec eux comme nous vous avons aimés et comme nous avons ri avec vous. Quand nous marchions ensemble, ô fantômes de notre jeunesse, le monde était si gai et si lumineux ! Il a bien vieilli aujourd'hui, et nous sommes fatigués. Vous seuls pouvez nous ramener la fraîcheur et la lumière.

La mémoire est une serre à fantômes. Sur ses parois, comme sur les murs d'une maison hantée, résonne le bruit de pas invisibles. Par les fenêtres cassées, nous regardons passer les ombres des morts, et les plus tristes sont celles de nos moi disparus.

Oh, ces jeunes visages éclatants, si pleins de vérité et d'honneur, de pensées pures et bienveillantes, de nobles désirs, quel regard de reproche ils nous lancent de leurs yeux clairs et profonds !

Je crains qu'ils n'aient de bonnes raisons de se plaindre, les pauvres. Les mensonges, la ruse et le doute se sont insinués dans nos cœurs depuis cette époque imberbe – et nous qui nous destinions à être si grands et si bons !

Par bonheur, nous ne lisons pas dans l'avenir. Peu de garçons de quatorze ans n'auraient pas honte de ce qu'ils seraient à quarante.

J'aime à m'asseoir pour converser de temps en temps avec le drôle de petit bonhomme que je fus autrefois. Je crois que lui aussi apprécie ces moments, car il vient souvent me voir le soir, à l'heure où je suis seul avec ma pipe à écouter le crépitement du feu. À travers les volutes de fumée odorante, j'aperçois son petit visage sérieux qui me regarde, et je lui souris. Lui aussi me sourit, mais d'un sourire grave et entendu. Nous discutons du bon vieux temps. Parfois il me prend par la main et nous nous glissons entre les barreaux noirs de la grille porte-bûche, pour emprunter les sombres grottes incandescentes qui mènent au pays derrière les flammes. Là, nous retrouvons les jours d'antan et nous les parcourons ensemble. Au cours de la promenade, il me raconte tout ce qu'il pense et tout ce qu'il ressent. S'il m'arrive de me moquer de lui, je le regrette aussitôt, car il paraît si sérieux que j'ai honte de ma frivolité. C'est en plus manquer du respect dû à son âge – il était moi bien longtemps avant que je devienne ce que je suis.

Au début nous parlons peu, mais nous nous observons. Je contemple ses cheveux bouclés et son petit nœud bleu, et lui, tout en trottinant, me lance des regards en coin. Je crois lire de la désapprobation dans ses yeux ronds et timides, et il pousse un petit soupir, comme déçu. Mais au bout d'un moment sa réserve l'abandonne et il commence à discuter. Il me raconte son conte de fées préféré, qu'il a un cochon d'Inde et que son père prétend que les contes de fées ne sont pas vrais ; c'est dommage, hein ?, parce qu'il aimerait tant être un chevalier, terrasser un dragon et épouser une belle princesse. À sept ans, sa vision de la vie a pris un tour plus pragmatique : il compte devenir marinier et gagner beaucoup d'argent. Peut-être est-ce une conséquence de l'amour, puisque à cette époque il est tombé amoureux de la jeune demoiselle de la crèmerie, âgée d'environ six ans. (Quels pieds légers ! Dieu sait quelle taille ils font aujourd'hui !) Il doit beaucoup l'aimer, car il lui donne un jour son trésor le plus précieux en l'espèce d'un énorme couteau de poche à quatre lames rouillées et un tire-bouchon, qui a la mystérieuse manie de s'ouvrir tout seul et de se planter dans la jambe de son propriétaire. Comme c'est une petite chérie affectueuse, elle le prend par le cou et le couvre de baisers pour le remercier, juste là, devant le magasin. Mais le monde imbécile (en la personne du fils du voisin marchand de cigares) raille ces marques d'amour. Comme il se doit, mon jeune ami s'apprête donc à décocher un coup de poing au fils du voisin marchand de cigares, mais rate sa cible, et c'est le fils du voisin marchand de cigares qui le cogne.

Puis vient l'école, avec ses petites misères et ses hurlements joyeux, ses parties de rigolade, les larmes amères qu'on verse sur d'horribles grammaires latines et les stupides vieux cahiers. C'est à l'école qu'il est meurtri à vie (j'en suis persuadé) alors qu'il essaie de prononcer l'allemand ; et c'est là aussi qu'il apprend l'importance qu'attache la nation française aux plumes, à l'encre et au papier. « Avez-vous des plumes, de l'encre et du papier ? » Voilà la première question que pose un Français qui rencontre quelqu'un. Son interlocuteur n'en a pas, par principe, mais dit que l'oncle de son frère a les trois. Le premier a l'air de se ficher pas mal de l'oncle du frère ; il veut maintenant savoir si le voisin de la mère de l'autre en a. « Le voisin de ma mère n'a ni plume, ni encre, ni papier », répond l'autre en s'échauffant. « L'enfant de votre jardinier a-t-il des plumes, de l'encre et du papier ? » Il ne lâche rien. Après qu'il a traumatisé tout le monde à s'enquérir de ces satanés plumes, encre et papier, il ressort que l'enfant de son propre jardinier n'en a pas non plus. Pareille découverte rabattrait n'importe quel caquet, mais pas celui d'un personnage de livre d'exercices de français. Rien n'y fait, sur cette créature éhontée. Loin de s'excuser, il déclare que sa tante a de la moutarde.

Voilà comment jeunesse se passe, dans l'acquisition d'un savoir plus ou moins utile, et bientôt heureusement oublié. L'école en brique rouge disparaît du regard et nous pénétrons dans la grand-rue du monde. Mon petit ami n'est plus si petit. Des basques ont poussé sur sa veste. La casquette usée, tellement pratique pour servir de mouchoir, de tasse et d'arme d'assaut, a gagné en hauteur et en lustre. Dans sa bouche, la cigarette a remplacé la craie, même si la fumée le gêne car elle lui remonte par le nez. Quelque temps plus tard, il essaie le cigare pour se donner du style (un gros havane noir). Mais qui ne lui réussit pas du tout, puisque je le retrouve ensuite la tête dans un seau au fond de la cuisine, où il jure solennellement qu'il ne fumera plus jamais.

À présent que sa moustache est presque visible à l'œil nu, il passe à la fine à l'eau et se prend pour un homme. Il parle de « favori à deux contre un », fait allusion à des actrices en les appelant « la petite Emmy », « Kate » et « Baby », et évoque à voix basse ses « pertes de jeu de l'autre soir » comme s'il avait dilapidé des fortunes quand, rendons-lui justice, le montant réel avoisinait plus certainement quelques pence. De plus, si ma vue ne me joue pas des tours – car c'est toujours le crépuscule au pays des souvenirs –, il a collé un monocle à son œil et se cogne partout.

Les femmes de sa famille, fort inquiètes, prient pour lui (bénis soient leurs tendres cœurs !) et imaginent déjà un procès à la Haute Cour et la corde pour le pendre, seule issue possible d'une pareille débauche ; et les prédictions de son premier maître d'école, pour qui il finirait mal, acquièrent le statut d'une prophétie inspirée.

À cet âge, il a un mépris souverain pour l'autre sexe, une très haute opinion de lui-même et des manières aimablement condescendantes à l'égard des vieux amis de la famille. D'une manière générale, avouons-le, il est assez imbuvable à cette époque-là.

Heureusement, ça ne dure pas. Bientôt, il tombe amoureux, ce qui calme ses ardeurs. Ses bottes sont maintenant trop petites pour lui, ai-je remarqué, et ses cheveux sont magnifiquement coiffés, quoique de manière étonnante. Il lit davantage de poésie et garde un dictionnaire de rimes dans sa chambre. Tous les matins, Emily Jane retrouve par terre des morceaux de papier déchirés, où il est question de « cœurs cruels et flèches mortelles », « de magnifiques yeux et de soupirs d'amoureux », et autres refrains de cette très vieille chanson que les garçons aiment tant chanter et les filles tant écouter en détournant leur tête délicate pour faire semblant de ne pas entendre.

Le chemin de l'amour n'a pourtant pas dû aller sans heurts, puisque, juste après, on le voit marcher beaucoup plus et dormir beaucoup moins que sa santé ne l'exige ; et son visage est loin d'évoquer la marche nuptiale ou le bonheur conjugal.

Et là, je crois le voir disparaître. Il s'est évanoui, le tout jeune petit être qui, tandis que nous marchions, a grandi à mes côtés.

Je reste seul, et la route est très sombre. Tant bien que mal, je continue d'avancer, sans trop savoir comment, mais qu'importe ? Il semble que le chemin ne mène nulle part, et je n'ai pas de lumière pour me guider.

Mais le matin finit par arriver, et je me vois redevenu ce que je suis.

TABLE

Mise en page par Meta-systems
59100 Roubaix

N° d'édition : L.01EHPN000665.N001
Dépôt légal : novembre 2014
Imprimé en Espagne par Novoprint (Barcelone)

Dans la même série

Balzac, *Les Parisiens comme ils sont*, présenté par Jérôme Garcin

Bescherelle, *L'Art de briller en société et de se conduire dans toutes les circonstances de la vie*, présenté par Pierre Assouline

Chamfort, *La pensée console de tout*, présenté par Frédéric Schiffter

Plutarque, *De l'inconvénient d'avoir trop d'amis*, présenté par Vincent Delecroix

Rivarol, *De l'universalité de la langue française*, présenté par Dany Laferrière, de l'Académie française

Swift, *Résolutions pour l'époque où je deviendrai vieux*, présenté par Éric Chevillard

Voltaire, *De l'horrible danger de la lecture*, présenté par Édouard Launet